Kurt Tepperwein

Die Botschaft deiner Seele

W0193537

Kurt Tepperwein

Die Botschaft deiner *Seele*

Das 3-Säulen-Prinzip zur emotionalen Entsäuerung

Bibliografische Information der Deutschen Nationalbibliothek
Die Deutsche Nationalbibliothek verzeichnet diese Publikation in der
Deutschen Nationalbibliografie.
Detaillierte bibliografische Daten sind im Internet über http://dnb.d-nb.de abrufbar.

Für Fragen und Anregungen:
tepperwein@mvg-verlag.de

1. Auflage 2012
© 2012 by mvg Verlag, ein Imprint der Münchner Verlagsgruppe GmbH
Nymphenburger Straße 86
D-80636 München
Tel.: 089 651285-0
Fax: 089 652096

Alle Rechte, insbesondere das Recht der Vervielfältigung und Verbreitung sowie der Übersetzung, vorbehalten. Kein Teil des Werkes darf in irgendeiner Form (durch Fotokopie, Mikrofilm oder ein anderes Verfahren) ohne schriftliche Genehmigung des Verlages reproduziert oder unter Verwendung elektronischer Systeme gespeichert, verarbeitet, vervielfältigt oder verbreitet werden.

Redaktion: Dagmar Schneider-Damm
Umschlaggestaltung: Kristin Hoffmann
Umschlagabbildung: iStockphoto
Satz: HJR, Jürgen Echter, Landsberg am Lech
Druck: GGP Media GmbH, Pößneck
Printed in Germany

ISBN Print 978-3-86882-260-1
ISBN E-Book (PDF) 978-3-86415-212-2

Weitere Infos zum Thema:

www.mvg-verlag.de

Gerne übersenden wir Ihnen unser aktuelles Verlagsprogramm.

Inhalt

Einstimmung

Wir stehen vor einer neuen Menschheitsepoche, die gekennzeichnet ist durch einen Bewusstseinswandel: Wir erkennen uns als Bewusstsein und als Teil des Ganzen. Damit sind wir im Einheitsbewusstsein erwacht.

Nach der körperlichen Entsäuerung kommt es jetzt in dieser Phase des nächsten Evolutionssprunges auf die emotionale und mentale Entsäuerung an. Sie ist ein entscheidender Schritt für den Bewusstseinswandel und beseitigt die Hindernisse auf dem Weg, insbesondere eine der am weitesten verbreiteten Volkskrankheiten: Übersäuerung. Die Plage, die epidemische Ausmaße angenommen hat, lässt sich in einem häufig vernommenen Ausruf zusammenfassen: »Ich bin sauer!« Das Sauersein zeigt sich auf allen drei Ebenen: körperlich, geistig und seelisch.

80 Prozent aller Menschen über 40 Jahre sind übersäuert und leiden unter Übergewicht, Bluthochdruck, Diabetes und Herz-Kreislauf-Erkrankungen.

Wie es um den geistig-seelischen Zustand bestellt ist, zeigt ein Blick in die missmutigen Gesichter vieler Menschen in Geschäften, Fußgängerzonen oder öffentlichen Verkehrsmitteln.

Interessant ist auch eine weltweite Umfrage zum Thema »Wie glücklich sind Sie?«. Die nach eigenem Bekunden glücklichsten Menschen leben in Venezuela und in Nigeria, die Unglücklichsten in westlichen Ländern.

Die Volkskrankheit »Sauer sein« ist geistige Innenwelt- und daraus folgend Umweltverschmutzung. Saurer Regen, saure Böden etc. spiegeln im Außen den seelisch-geistigen Zustand der Bevölkerung wider. Der große Weisheitslehrer Hermes Trismegistos hat bereits vor 5000 Jahren auf der Tabula Smaragdina (Smaragdtafel) das entsprechende geistige Gesetz festgehalten: »Wie innen, so außen.« Wir alle sind mitverantwortlich für das, was auf diesem Planeten geschieht. Entsäuerung ist darum eine kollektive Aufgabe. Diese beginnt bei jedem Einzelnen.

Sauer macht nicht lustig, sondern krank. Auf geistig-seelischer Ebene ist Sauersein der Zustand, der eintritt, wenn wir aus der Einheit, aus dem Einssein mit der Einen Kraft, dem Göttlichen, herausgefallen sind. Die Vitalquelle Entsäuerung für Körper, Geist und Seele führt das Individuum zurück in die Gesundheit, in die Einheit mit der Einen Kraft.

Je mehr wir auf allen Ebenen entsäuern – körperlich, geistig, seelisch –, umso mehr kann auch die Gesellschaft und die Umwelt als Ganzes entsäuern. Das Ziel ist ein ausgewogenes Säure-Basen-Gleichgewicht, ein Leben in Balance, ein Leben im Einheitsbewusstsein – der gelungene nächste Evolutionssprung.

Wir stehen an einem Wendepunkt unserer Geschichte. Wahrscheinlich zum ersten Mal geschieht Evolution nicht vorrangig biologisch-physikalisch, sondern im Bewusstsein. Es ist die bewusste Gestaltung durch den erwachten Geist des Menschen. Wir sind so weit geistig erwacht, dass wir der Einladung der Schöpfung folgen können, diese Schöpfung mitzugestalten, und zwar als dieser erwachte Geist. Ja vielleicht ist dieser erwachte Geist des Menschen der entscheidende Faktor, der diesen Schritt der Evolution überhaupt erst möglich macht. Zum ersten Mal »geschieht« Evolution nicht, sondern wir sind die treibende Kraft, und vielleicht hat die Schöpfung nur darauf gewartet, dass wir erwachen und die Evolution selbst in die Hand nehmen. Der Weg führt vom Ego zum Selbst, zum Kollektiv und zum großen Ganzen.

Der erwachte Gott in uns wird zum Motor der Evolution und erkennt gleichzeitig seine Göttlichkeit und Bedeutung für diese Evolution. Der ganze Kosmos ist die Verkörperung des ewigen ICH BIN. Der ganze Kosmos ist ein einziges fantastisches, gigantisches und dynamisches sich entfaltendes Wesen, das eine Reihe von Entwicklungsstufen durchläuft, um letztlich ganz zu sich selbst zu erwachen und sich der eigenen Vollkommenheit allumfassend bewusst zu sein.

Das geschieht normalerweise in kleinen Schritten, aber mitunter in einem Sprung, der zu einer neuen Ebene der Bewusstheit führt. Und ständig geschieht in diesem Prozess Vereinigung. Subatomare Teil-

chen verbinden sich zu einem Atom. Aus vielem wird ein Größeres.
Atome verbinden sich zu einem Molekül und die Vereinigung vieler
Moleküle führt zur Bildung von Zellen, die wiederum einen Organismus formen. Dieser Prozess geht weiter, bis alles wieder EINS ist, und
diesen Prozess nennen wir Evolution.

Und so wie Atome ein Molekül werden, so sind auch wir Menschen
aufgerufen, in dieser Phase der Evolution ein Bewusstsein zu bilden,
ohne unsere Individualität zu verlieren. Indem wir die Vielfalt unseres
So-Seins miteinander teilen, wird daraus diese nächstgrößere Einheit:
das EINE Bewusstsein.

Dieses Einheitsbewusstsein ist ein ganz neues Wesen, das ohne unsere Bereitschaft, uns ganz einzubringen, nicht werden kann. Das heißt,
wir befinden uns in einer beispiellosen Situation und haben eine große
Verantwortung für die Verwirklichung der Evolution. Es gibt keine äußere Kraft, die das bewirkt, sondern unser Bewusstsein verbindet sich
zu diesem neuen Wesen. Wir gestalten die Zukunft selbst. Wir müssen
dies bewusst tun oder es gibt keine Zukunft.

Wertvolle Erkenntnisse auf Ihrem Bewusstseinsweg
wünscht Ihnen Ihr

Kurt Tepperwein

I. SÄULE

Ursachen und Lösungen für körperliche Übersäuerung

Was macht den Körper sauer?

Gesundheit und Bewusstsein kann man essen. Alle Materie hat eine besondere Form von Energie. Auch unser Körper ist in Wirklichkeit ein Energiekörper, und auch unsere Nahrung besteht aus Energie. Jede Energieform weist eine bestimmte Schwingung auf. Bewusstsein hat eine hohe Schwingung. Wenn unsere Nahrung eine niedrige Schwingung hat, mindert sie die Schwingung unseres Bewusstseins, sie zieht das Bewusstsein herunter. Trägt unsere Nahrung eine hohe Schwingung, kann sie die Schwingung unseres Bewusstseins erhöhen, verfeinern und verstärken. Wenn die Nahrung unserem Bewusstsein entspricht, teilt sich diese Schwingung auch dem Körper mit und er schwingt in Harmonie mit unserem Bewusstsein. Dieser Einklang von Körper und Bewusstsein ist Harmonie, und Harmonie drückt sich aus als Gesundheit und Vitalität.

Wichtig dabei ist das Säure-Basen-Gleichgewicht. Der Körper hält im Blut ständig einen konstanten pH-Wert von 7,4. Offensichtlich ist das der ideale Wert für den Körper. Dass er unter allen Umständen aufrechterhalten wird, zeigt, wie wichtig dies für uns ist. Wir könnten unserem Körper und damit unserem Bewusstsein helfen, indem wir durch unsere Nahrung diesen Wert sicherstellen.

Bewusstes Essen führt uns zurück zur Weisheit unseres Körpers, die uns seine gesunden Bedürfnisse signalisiert. Die Wahl des richtigen Essens und Essen als Meditation zelebriert erleichtert uns die Rückverbindung zu unserer inneren Quelle – der Quelle von Vertrauen, Intuition und Liebe. Diese wiederum unterstützt uns, unsere Lebendigkeit, unsere Kraft und Kreativität nach außen zu leben.

Was ist gesunde Nahrung, die uns wirklich nährt? Der Mensch der Vorzeit war ein Früchteesser und ernährte sich außer von Früchten insbesondere von Blättern, Wurzeln, Samen und Nüssen. Fleisch aßen die Menschen damals nur in Ausnahmefällen und in Notzeiten. Erst in den letzten 100 Jahren haben wir durch die Umstellung unserer Nahrung die Voraussetzungen für die Zivilisationskrankheiten geschaffen.

Wir leiden fast alle heute gleichzeitig an Über-, Unter- und Fehlernährung. Wir essen zu viel vom Falschen, zum Beispiel leere Kalorien, und zu wenig von Wichtigem, zum Beispiel Vitamine und Mineralstoffe. Außerdem ist unsere Nahrung immer unnatürlicher, nicht frisch, oft konserviert, mit Zusätzen wie Farbstoffen und künstlichen Aromen versehen und stark Säure bildend. Dies führt zu einer ständigen Übersäuerung des Körpers.

Ein übersäuerter Körper bietet den idealen Nährboden für Krankheiten. Bakterien, Viren, Pilze und Parasiten können sich nur in einem sauren Milieu vermehren. Auch viele degenerative Erkrankungen wie Rheuma und Herz-Kreislauf-Erkrankungen entstehen durch eine saure Stoffwechsellage. Entsäuerung ist darum der erste Schritt auf dem Weg zur Heilung. Die Wahl der Lebensmittel und Getränke entscheidet darüber, ob wir sauer oder basisch sind.

Mit ganz einfachen Maßnahmen könnten wir eine dramatische Wende im Gesundheitszustand der Menschen erreichen. So wirkt zum Beispiel die richtige Ernährung als natürliche Medizin.

Würden die Übergewichtigen weniger und richtig essen, die Trinker weniger trinken, die Raucher aufhören zu rauchen und die Faulen sich mehr bewegen, alle richtig atmen und Positives denken, lesen und anschauen – wir könnten mehr Leben retten und Krankheiten beseitigen als mit all den teuren Verfahren der heutigen Medizin. Das Dilemma ist, dass viele Menschen gar nicht rundum gesund werden und bleiben wollen, sie wollen weiter in ihrem Trott leben und nur keine Beschwerden mehr haben.

Wenn wir geboren werden, haben wir das Potenzial, 120 Jahre alt zu werden. Auf was es ankommt, ist, dass wir mit unserem Köper pfleglich umgehen und ihm alles geben, was er braucht.

Bei meinen Forschungen, wie man gesund und vital ein hohes Alter erreicht, war ich darauf gefasst, eine geheimnisvolle lebensverlängern-

de Substanz zu entdecken oder eine bisher unbekannte vitalisierende
Übung als Generalschlüssel für ein gesundes Leben zu finden. Statt-
dessen stieß ich auf ein »Müllproblem« auf allen Ebenen des Seins. Die
menschliche Zelle erstickt an ihren eigenen Stoffwechselprodukten,
weil die interzellulare Müllabfuhr nicht funktioniert. Sie funktioniert
in der Hauptsache deshalb nicht, weil wir den Zellen nicht die lebendige Nahrung geben, die sie zur zellulären Sättigung brauchen. Statt-
dessen nehmen wir ungeeignete Flüssigkeiten und Nahrungsmittel zu
uns, deren lange Molekülketten die Zellwand nicht passieren können.
Als Schutz teilt sich die Zelle. Dabei wird auch der Müll geteilt, sodass
jede neue Zelle schon belastet ist. Ist die Teilungskapazität erschöpft,
stirbt die Zelle ab.

Wenn wir in unserem Organismus täglich nur ein Gramm »Müll« ab-
speichern, den wir nicht ausscheiden können, dann sind das pro Jahr
365 Gramm, in zehn Jahren 3,65 Kilo und in 50 oder 60 Jahren 22 Kilo.

Die Folge dieser Verschlackung ist jedoch nicht nur eine Gewichtszu-
nahme, es tritt zugleich auch eine Übersäuerung und Verfettung des
Bindegewebes ein. Durch diesen Prozess wird die Passage vom Blut-
gefäß zur Zelle immer schwieriger. Wo früher freier Zugang möglich
war, befindet sich jetzt feste Substanz, die den freien Fluss mit fort-
schreitendem Alter mehr und mehr behindert.

Der Organismus versucht auszugleichen, indem er im Gefäßsystem
den Druck erhöht. In den zivilisierten Ländern akzeptiert man es als
selbstverständlich, dass mit steigendem Alter auch der Blutdruck steigt.
Dieser hohe Blutdruck ist aber nur Ausdruck der immer schlechter
werdenden Durchlässigkeit des Zwischengewebes. Zu hoher Blutdruck kann zu Gefäßschäden, Herzinfarkt und Schlaganfall führen.
Bevor es dazu kommt, gibt es jedoch bereits Probleme auf Zellebene.
Die Zelle erhält weniger und weniger Nahrung und steht damit unter
immer größerem Stress, bis schließlich ihre Funktion nach und nach
zurückgeht.

Alle Volkskrankheiten wie Herzinfarkt, Schlaganfall, Rheuma, Krebs
und Osteoporose sind untrennbar mit diesen Verschlackungszu-
ständen, Übersäuerung und verminderter Sauerstoffversorgung ver-

bunden. Sie sind Endzustand jahrzehntelanger Fehlfunktionen und schleichend fortschreitender Vorgänge im Organismus, insbesondere im Bindegewebe.

Zu Verschlackung und Übersäuerung führen insbesondere folgende Faktoren:
- falsche Ernährung mit Fleisch, Zucker, Industriesalz, Weißmehl, Alkohol,
- Rauchen,
- Übersäuerung und Entmineralisierung,
- zu wenig bzw. falsche Flüssigkeitszufuhr,
- Übergewicht,
- Vitamin- und Mineralmangel,
- ungenügendes Kauen,
- gegen seinen Rhythmus leben,
- flache Atmung,
- Sauerstoffmangel,
- Bewegungsmangel,
- Sonnenmangel,
- Schlafdefizit.

Verschmutzung findet jedoch auch auf der geistigen Ebene statt. Negatives Denken bringt negative Lebensumstände hervor. Diese belasten wiederum das Denken. Das Ergebnis ist ein freudloses Leben bis hin zu Depressionen.

Auch auf der emotionalen Ebene sorgen ungeklärte Gefühle für eine gedrückte Stimmung und schaffen eine ständige Schlechtwetterfront im Gemüt. Das lähmt die Aktivität und raubt ebenfalls die Lebensfreude.

Zum geistig-emotionalen »Müll« zählen:
- Ärger,
- Stress,
- Angst,
- Einsamkeit,
- Probleme,
- Sorgen,

- Hetzen,
- Urteilen,
- Negatives hören, anschauen und lesen,
- ein negatives Selbstbild,
- ungeliebte Lebensumstände,
- negative Gewohnheiten,
- negative Überzeugungen,
- Aggressionen,
- Neid,
- liebloses Nebeneinander,
- Leben ohne Sinn,
- das Fehlen von Zielen,
- falsche Freunde,
- Erfolglosigkeit,
- Minderwertigkeitsgefühle,
- fehlende Psychohygiene,
- Empfindlichkeit,
- Selbstmitleid,
- Geldmangel,
- einen ungeliebten Beruf ausüben,
- unbefriedigende Wohnverhältnisse.

Die geheimnisvolle, lebensverlängernde und Freude spendende Substanz, die ich gesucht habe, fand ich in einem lichtvollen Bewusstsein, das in der Erkenntnis seiner ICH-BIN-Kraft lebt. Die ICH-BIN-Kraft ist die Erkenntnis, dass wir ein Teil der göttlichen Einen Kraft sind, die in uns Gestalt angenommen hat und durch uns wirkt. Im wahren positiven Denken, das nicht den unangenehmen Teil des Lebens ignoriert, sondern erkennt, dass alles gut ist, weil alles mir dienen und helfen will, auch die unangenehmen Umstände.

Lebensverlängernd wirkt ein geklärtes Gemüt, das in der Wahrheit lebt: SEIN ist Freude. Dieses Element sorgt dafür, dass der Körper als Spiegel der inneren Wirklichkeit gesund und vital ist, weil er physisch, mental und emotional richtig ernährt wird und loslässt, was nicht mehr zu ihm gehört.

Praktische Schritte zur Entsäuerung

Übersäuerung führt zu Krankheiten. Diese sind eine Botschaft des Lebens an uns selbst. Das Leben »spricht« ständig zu uns. Die »Sprache des Lebens« ist die wichtigste Fremdsprache, die wir beherrschen sollten. Jedes Gesundheitsproblem, jeder Schmerz, jedes Leid – all dies sind Nachrichten für uns. JEDE Wirkung hat eine Ursache und das Leben handelt nach dem Gesetz »WENN – DANN«.

Befolgen wir eine Botschaft nicht, weil wir sie vielleicht gar nicht bemerkt oder nicht verstanden haben, wiederholt das Leben die Botschaft in »deutlicherer« Form, das Leben gibt uns »Nachhilfeunterricht«. Ändern wir am Zustand der Übersäuerung nichts, verschärfen sich die Leiden. JEDE Krankheit ist eine Botschaft, eine »In-FORMation« über nicht lebensgerechtes Verhalten. KEINE Krankheit ist eine Strafe oder Verurteilung, sondern IMMER eine Chance zum Besseren. Ihr Körper ist nur die Leinwand, auf die das Leben den Inhalt Ihres Bewusstseins als Realität projiziert. Die Ursache für ALLES, was Sie erleben, sind Sie selbst. Hinter JEDER Krankheit steht also immer ein Problem, eine ungelöste Auf-Gabe.

Wenn wir auf eine Botschaft nicht reagieren, schickt uns das Leben den Schmerz. So werden wir deutlich aufgefordert, hinzusehen und notwendige Korrekturen vorzunehmen. Der Schmerz dient also immer nur als Hinweis und ist somit ein Geschenk. Das Symptom ist also gar nicht die Krankheit, sondern die Information ZUR Krankheit und besteht IMMER aus drei Teilen:
- der Art der Erkrankung,
- dem Ort der Erkrankung,
- dem Zeitpunkt der Erkrankung.

Hilfreich ist es, den Schlüssel zur Sprache der Symptome zu kennen.

Der erste Schritt zur Heilung ist die Bereitschaft, mich mit meiner Krankheit zu konfrontieren und die eigentliche Ursache zu erkennen. Vorher kann eine Behandlung zur Symptomfreiheit, nicht aber zur Heilung führen. Also beantworte ich mir ganz ehrlich die folgenden Fragen:

- Welches Organ, welcher Körperteil ist betroffen? Welche Funktion hat es/er körperlich? Welche Funktion entspricht dem geistig? Ein Beispiel: Bei einer Herzerkrankung dürfen wir uns fragen, »was wir uns zu Herzen nehmen« oder »was uns das Herz bricht«.
- Welches Symptom tritt in Erscheinung? Schreiben Sie einmal das körperliche Geschehen ganz naiv, aber ausführlich auf und prüfen Sie dann sorgfältig, welche Hinweise bereits in Ihren Redewendungen enthalten sind. In der richtigen Formulierung steckt meist auch schon die »Information« über die wahre Ursache. Ob einer »die Nase voll hat«, etwas »nicht sehen kann«, »belastet« ist – der Körper zeigt stets die geistige Haltung, wenn Sie die Weisheit der Sprache beachten.
- Im vierten Schritt frage ich nach dem genauen Zeitpunkt der Erkrankung. Denn wenn wir uns auf den genauen Zeitpunkt der Erkrankung besinnen, erkennen wir den Zusammenhang mit wesentlichen Veränderungen der Lebenssituation oder in unseren Gefühlen. Wir fragen uns, was bei diesem Symptom körperlich hilft. Was entspricht diesem Hilfsmittel geistig? Wenn bei einem bestimmten Symptom zum Beispiel Wärme Linderung verspricht, überlegen wir, wie wir mehr Wärme in unsere Beziehungen bringen können.
- Dann überlegen wir, wozu uns das Symptom zwingt. Was ist zu tun? Was sollte ich lassen? Welche Konsequenzen ergeben sich daraus? Lassen Sie sich nicht vom »Auslöser« der Krankheit (Bakterien, Viren, Unfall, genetisches Erbe) ablenken, sondern erkennen Sie die geistig-seelische Ursache, die »Wirklichkeit hinter dem Schein«.
- Welche Charakterschwächen habe ich? Wie äußern sich diese bei mir körperlich?
- Welche körperlichen Schwächen habe ich? Wie äußern sich diese bei mir charakterlich?
- Was ist mein »Problem-Organ«? Welcher Körperteil ist betroffen? Welche Körperseite ist betroffen? Welche Aussage ist darin enthalten?
- Welche Symptom-Kombinationen treten bei mir auf? Was bedeutet das geistig? Welche Konsequenzen ergeben sich daraus?
- Welche Heilungshindernisse sind bei mir vorhanden? Wie kann ich sie auflösen bzw. beseitigen?

- Habe ich die Botschaft erkannt und verstanden? Was besagt sie? Was bedeutet das für mich? Was heißt das JETZT? Was bedeutet das zur Lösung meiner derzeitigen Aufgabe? Um meinen Weg besser erkennen und leichter gehen zu können? Welche »multidimensionale Aussage ist darin enthalten? Welche Konsequenzen ergeben sich daraus für mich? Nehme ich sie an? Was ändert sich dadurch in meinem Leben? Ab wann ändert sich etwas in meinem Leben?

Wenn wir so vorgehen und uns die Fragen ehrlich beantworten und die Botschaft auch wirklich befolgen, wird aus einem Symptom nie eine chronische Krankheit. Denn die Ursache für jedes Symptom liegt immer im Bewusstsein, in meinen Gedanken. Die »Auslöser« sind dann Bakterien, Viren, ein Unfall oder der »Zufall«.

Der Krankheitsverlauf zeigt getreulich die Lernschritte im Bewusstsein auf und die Heilung ist ein Indikator dafür, dass der Lernprozess abgeschlossen ist. Die »Botschaft des Körpers« zu befolgen ist der zweitbeste Weg. Der beste Weg ist der, erst gar nicht zu warten, bis der Körper eine Botschaft schicken wird, sondern schon vorher das »NOT-wendige« zu tun. Wenn wir also immer auf unsere innere Stimme hören würden, dann bräuchten wir kein Symptom und keinen »Nachhilfeunterricht«. Dem Leben ist es auch ganz gleich, ob wir etwas bewusst oder unbewusst tun, wir tragen die Folgen so oder so. Auf was es ankommt, ist also Erkenntnis. Diese ist die Therapie.

Das Wort »Therapie« kommt aus dem altgriechischen Wort »therapeuein« und bedeutet »die Arbeit der Götter« mit dem Ziel, das Wahre im Menschen zu erwecken und die Erinnerung an unsere Wahre Natur wiederaufleben zu lassen. Dann verschwindet das, was wir als Leid bezeichnen, endgültig aus unserem Leben. Das heißt aber nicht, dass das Leben dann nur noch wunderbar ist, sondern da ist niemand mehr, der sich mit Leid identifiziert, da wir aus der scheinbaren Trennung in die Einheit – in die Verbindung mit der Einen Kraft – übergegangen sind.

Alte Fragen wie »Was fehlt mir eigentlich?« tauchen gar nicht mehr auf, weil ich ALLES bin. Was sollte dem All-Einen Bewusstsein denn fehlen? Solange aber die Identifikation des Menschseins und das Verhaftetsein mt der Ego-Ebene bestehen, wird das Leben weiterhin seine vielfältigen »Therapien« schicken, um uns zur Erkenntnis zu bringen.

Je bewusster wir leben, umso mehr ändern sich auch die Antworten auf unsere irdischen Fragen. JEDES Symptom trägt die Antwort in sich und führt zur heilenden Erkenntnis, wenn wir bereit sind, die Sache genauer zu betrachten. So wird die WAHRE Diagnose zur »Therapie der Zukunft« und »Ein-Sicht« das Universalheilmittel. Ist eine Botschaft erst verstanden worden und wird sie auch befolgt, hat das Symptom seine Aufgabe erfüllt und kann gehen. Eine wahre Diagnose ist also »die Schau des Wesentlichen«, die zur »befreienden Einsicht« führt. Die wahre Krankheit aber ist »SELBST-Vergessenheit«.

Aber auch unser Aussehen IST eine Botschaft, denn der Körper KANN nicht lügen und jeder sieht so aus, weil er so IST, wie er ist. So hält uns das Leben mit unserem Aussehen ständig einen Spiegel vor, in dem wir uns SELBST erkennen können. Und so können auch Sie jeden anderen »durch-schauen«.

Das braucht ein Mensch, um gesund zu bleiben:

Physisches, äußeres Verhalten:
- mäßig, aber regelmäßig bewusst und in Ruhe vitale Nahrung essen und gründlich kauen,
- viel reifes Obst und frische Rohkost (Salat und Gemüse),
- basisch ernähren, Säurebildner vermeiden,
- genügend Vitamine und Mineralstoffe zuführen,
- nicht nach 18 Uhr essen,
- das Idealgewicht erreichen und halten,
- genügend Bewegung (ideal sind Walking, Wandern, Rad fahren, Trampolin springen),
- richtiges Atmen,
- viel frische Luft und Sonne,
- nicht rauchen,
- täglich sieben bis acht Stunden schlafen,
- regelmäßig Mittagsschläfchen halten,

 – möglichst in ländlicher Umgebung leben und auf natürliche
    Kleidung und natürliche Bettwäsche achten.
Geistiges Verhalten – Jungbrunnen der richtigen Lebensphilosophie:
 – Beruf als Berufung ausüben,
 – geistig beweglich und gelassen sein,
 – für Entspannung und Erholung sorgen,
 – wirklich positiv denken und handeln,
 – das Ärgern verlernen,
 – Probleme als Aufgaben des Lebens erkennen und richtig lösen,
 – im JETZT leben,
 – »Selbst«-bewusst sein in der Erkenntnis »Mein wahres Selbst ist
    jung, gesund und unsterblich«.
Seelisches Verhalten – Erfüllung finden:
 – Angst erkennen und auflösen – durch Geborgenheit ersetzen,
 – lebendig und spontan sein – gern und bewusst mit Freude leben,
 – lachen, freuen und glücklich sein; »Ja« sagen zu sich und dem
    Leben,
 – das Leben und die Menschen lieben – wer liebt, lebt gesünder,
 – dankbar sein und das Leben als Geschenk erkennen,
 – sich regelmäßig Zeit für Meditation und Gebet nehmen.

Wasser spielt zur Erhaltung eines optimalen Gesundheitszustandes
eine wichtige Rolle. Denn Wasser ist der Stoff, aus dem unser Körper
zu zwei Dritteln besteht. Wir sollten täglich zwei Liter Wasser direkt
oder indirekt (in Salaten und Obst) zu uns nehmen. Wichtig ist die
Qualität des Wassers. Gutes Wasser sollte leicht sauer sein, das heißt
einen Überschuss an Wasserionen haben.

Wasserstoffatome weisen eine magnetische Qualität auf, die wir als
Information in unserem Körper benötigen. Empfehlenswert ist ein
Wasseraufbereitungsgerät zur Umkehrosmose. Die Umkehrosmose ist
aufgrund der physikalischen Eigenschaften des aufbereiteten Wassers
ein geeignetes Verfahren für den Haushalt. Sie ist zuverlässig, verändert die innere (kristalline) Struktur des Wassers nicht nachteilig und
ist von allen Wasseraufbereitungsmethoden die preisgünstigste und
praktischste. Es ist der beste Anfang, sein Heilwasser zu Hause selbst
herzustellen.

Hochwertiges Wasser hat die Fähigkeit, ein Lösungsmittel zu sein, mit dem wir unser Bindegewebe reinigen können, denn dort spielen sich ja die Verschlackungs- und Übersäuerungsprozesse am meisten ab. Nicht umsonst ist es gerade bei dem intensivsten Reinigungsprozess, den wir kennen, dem Fasten, besonders wichtig, hochwertiges Wasser zuzuführen. Und auch bei Darmspülungen machen wir uns die hohe Reinigungskraft von Wasser zunutze.

Ein besonderer Tipp ist die Körperreinigung mit Wassermelonen. Wassermelonen lösen anorganische Mineralien auf und helfen bei der Ausscheidung.

Ein wahrer Gesundheits- und Jungbrunnen sind rohe Obst- und Gemüsesäfte in Bio-Qualität, frisch in einem hochwertigen Mixer zubereitet (grüne Smoothies). Die Zubereitung im Mixer ist wesentlich gesünder als im Entsafter, da im Mixer auch die Fasern der Pflanze, die wichtige Nährstoffe enthalten, erhalten bleiben.

Rohe Obst- und Gemüsesäfte folgender Pflanzen sind sehr empfehlenswert: Apfel, Ananas, Kirschen, Brombeeren, Orangen, Grapefruit, Pflaumen, Aprikosen, Erdbeeren, Rhabarber, Möhren, Sellerie, roher Spinat, Rote Beete, Kresse, Tomaten, Kohl und Zwiebeln.

Trinken Sie Säfte langsam in kleinen Schlückchen. Säfte sollten niemals schnell hinuntergestürzt werden. Rohe Obst- und Gemüsesäfte sind Reiniger für das innere Körpersystem und das Blut. Deshalb nennen wir sie »Wasser der Gesundheit und Jugend«.

Diese Smoothies reinigen das innere Körpersystem und versorgen die Zellen mit hochwertiger lebendiger Nahrung. Dafür sorgen nicht nur die Vitamine, Mineralien und Spurenelemente, sondern die sogenannten Biophotonen. Die Sonnenstrahlen senden Milliarden von Atomen in das Pflanzenleben. Diese Biophotonen bringen Licht in unsere Zellen. Dieses Licht nährt uns, sorgt für strahlende Gesundheit und unbegrenzte Vitalität.

Sie können auch »Sonnenwasser« herstellen. Das ist eine einfache Möglichkeit, das Trinkwasser mit Biophotonen anzureichern. Man nimmt einen grünen Behälter, füllt ihn mit Wasser und stellt diesen insgesamt 24 Stunden an die Sonne. Fertig ist das mit Lichtenergie informierte Trinkwasser. Die Kahuna, die Heilpriester auf Hawaii, sagen, dass dieses Sonnenwasser zu Langlebigkeit und Vitalität verhelfe.

Wenn wir uns mit lebendigen Nahrungsmitteln (wahren Lebensmitteln) ernähren, nehmen wir diese Information des Lichts in unserem Körper auf. Lebendige Nahrung heilt Körper, Seele und Geist. Ernährung als heilender Faktor kann nicht getrennt von einem ganzheitlichen Heilungs- und Entwicklungsgeschehen werden. Wir verbinden uns mit der Heilkraft der Pflanze und unterstützen dadurch die Reinigungs- und Regenerationskraft des Körpers und damit die Heilung. Geistige Erkenntnisse, körperliche Reinigung und das dadurch bedingte Wohlbefinden gehen Hand in Hand.

Ein weiteres wirkungsvolles Entsäuerungsmittel ist genügende Sauerstoffzufuhr. Atem bedeutet Leben. So wie Nahrungsaufnahme den Körper versorgt, so ist es unerlässlich, jede Zelle des Körpers mit Sauerstoff zu versorgen. Allein durch bewusstes Atmen können Sie positiv auf Ihr körperlich-seelisch-geistiges Wohlbefinden einwirken und entsäuern. Ein harmonischer Atemrhythmus beruhigt Nerven und Gedanken. Ist die Atmung unregelmäßig, ist auch die Psyche unausgeglichen und der Geist wird unruhig. Seelische und emotionale Unausgeglichenheit wirken negativ auf die Steuerung der Atemfrequenz ein. Umgekehrt kann das bewusste und regelmäßige Atmen heftigen Gemütsschwankungen entgegenwirken.

Die meisten Menschen atmen oberflächlich, unvollständig, ruckartig und hastig. Das ist besonders gut zu beobachten, wenn man zum Beispiel Angst hat oder zornig ist. Der Atem kann dann nicht durch den Körper fließen. Häufig bleibt er im Brustkorb stecken. Die Folge sind Muskelverspannungen, die sich im ganzen Körper zeigen können. Das Resultat ist eine verkrampfte, spannungsgeladene Persönlichkeit.

Sauerstoff ist ein entsäuerndes Lebenselixier. Atmung und Nieren wirken zusammen, um das lebenswichtige Säure-Basen-Gleichgewicht zu erhalten. Bereits zehn Minuten Frischluftzufuhr genügen, um die Blutübersäuerung zu neutralisieren.

Frequenz und Tiefe der Atmung steuern den pH-Wert und durch den Rückkoppelungseffekt das zentrale Nervensystem. Ein zu schwaches Atmen führt zu einer erhöhten Kohlendioxid-Konzentration im Blut, was ein Absinken des pH-Wertes (Azidose) zur Folge hat.

Richtiges Atmen bedeutet, bei geschlossenem Mund durch die Nase voll ein- und auszuatmen. Wenn Sie einatmen, zieht sich der Bauch zusammen, das Zwerchfell hebt sich und massiert dabei das Herz. Beim Einatmen dehnt sich der Bauch, das Zwerchfell senkt sich und massiert die Bauchorgane. Der Schlüssel aller Atemübungen liegt im Ausatmen. Je mehr verbrauchte Luft Sie ausatmen, desto mehr frische Luft können Sie einatmen, desto mehr heilende Lebensenergie (Prana) können Sie aufnehmen.

Diese Vollatmung kann stehend, sitzend oder liegend durchgeführt werden. Das Wichtigste, wie auch bei allen anderen Atemübungen, ist das Aufrichten der Wirbelsäule. Laut der indischen Yoga-Lehre befinden sich in der Wirbelsäule Leitungen (Nadis) für die Lebensenergie (Prana). Wenn die Wirbelsäule an einer Stelle gebeugt ist, ist der Energiekanal unterbrochen. Ist sie jedoch aufgerichtet, kann Lebensenergie durch die Wirbelsäule strömen und es findet ein erhöhter Energieaustausch zwischen Chakren (Energiezentren), Drüsen und lebenswichtigen Organen statt.

– Bauchatmung
  Beginnen Sie mit dem Bauch. Diese Übung stärkt die Basis und macht den gesamten Beckenraum bewusst. Legen Sie beide Hände auf den Bauch und füllen Sie langsam den unteren Teil der Lunge. Der Bauch wölbt sich leicht mit dem Einatmen und senkt sich beim Ausatmen. Bewahren Sie einen gleichmäßigen Rhythmus und atmen Sie bewusst und kreisförmig in Ihren Beckenraum sieben bis zwölf Mal bis in den Lendenwirbelbereich und zum Steißbein hinunter, dann normal weiteratmen.

– Brustkorbatmung
  Legen Sie Ihre Hände mit den Daumen nach unten rechts und links an die Rippen. Atmen Sie ein. Füllen Sie bewusst den mittleren Teil der Lunge. Dehnen Sie Ihre Rippen sowie die dazwi-

schen liegenden Interkostalmuskeln von innen nach außen. Fühlen Sie, wie sich Ihr Rumpf langsam und gleichmäßig wölbt wie ein Ballon; tun Sie dies sieben bis zwölf Mal, dann folgen einige normale Atemzüge.

– Lungenspitzenatmung
  Legen Sie Ihre Hände auf den Brustkorb unterhab des Schlüsselbeins. Dort befinden sich bei den meisten Menschen vernachlässigte Lungenspitzen. Ziehen Sie den Atem vom Bauch in den Brustraum bis in die Lungenspitzen; sieben bis zwölf Mal, dann folgen einige normale Atemzüge.

– Vollatmung
  Bauch, Brust und Lungenspitzen werden jetzt in einer einzigen Ein- und Ausatmung verbunden. Wir beginnen mit dem Bauch, gehen über zu den Rippen und füllen zuletzt die Lungenspitzen. Halten Sie kurz den Atem an und atmen Sie dann locker wieder aus, von oben nach unten sieben bis zwölf Mal, dann normal weiteratmen, während Sie sich bewusst im ganzen Körper spüren.

– Anuloma Viloma – der Wechselatem
  Die Yoga-Lehre spricht davon, dass sich in unserer Wirbelsäule die zwei wichtigsten Leitungen (Nadis) für die Lebensenergie befinden: Ida und Pingala. Ida strömt auf der linken Seite unseres Körpers vom After bis zur Stirn. Ida führt in die linke Nasenhöhle und wirkt auf die rechte Gehirnhemisphäre. Pingala strömt in die rechte Nasenhöhle und wirkt auf die linke Gehirnhemisphäre.

Wissenschaftler haben inzwischen bestätigt, dass wir unsere rechte Gehirnhälfte aktivieren, indem wir durch das linke Nasenloch atmen, und umgekehrt. Vermutlich wussten die alten Yogis bereits intuitiv eine Balance zwischen den Hemisphären herzustellen, indem sie die beiden Gehirnhälften je nach Bedürfnis mit der entsprechenden Atmung aktivierten.

Setzen Sie sich entspannt und aufrecht hin. Beobachten Sie einige Minuten lang, wie Ihr Atem die Nasenlöcher streift. Entleeren Sie Ihre

Lungen langsam von restlicher Atemluft. Winkeln Sie Zeige- und Mittelfinger Ihrer rechten Hand ab und führen Sie sie zur Nase. Atmen Sie langsam und tief durch das linke Nasenloch ein, während Sie mit dem Daumen das rechte Nasenloch verschließen.

Wenn Sie vollständig eingeatmet haben, verschließen Sie auch das linke Nasenloch mit dem kleinen Finger und dem Ringfinger und halten den Atem ein bis zwei Sekunden lang an. Lockern Sie dann den Druck des Daumens und atmen Sie langsam durch Ihr rechtes Nasenloch aus.

Atmen Sie wieder durch das rechte Nasenloch ein, das linke dabei geschlossen halten. Verschließen Sie dann das rechte Nasenloch mit dem Daumen. Halten Sie den Atem nicht länger als zwei Sekunden an.

Lösen Sie dann Ihre Finger vom linken Nasenloch. Atmen Sie langsam vollständig links aus und gleich wieder ein.

Atmen Sie in dieser Weise drei Runden jeweils sieben bis zwölf Mal. Atmen Sie dazwischen immer wieder zwei Minuten normal, während Sie den Atemstrom an Ihren Nasenflügeln beobachten.

Anuloma Viloma – das wechselweise Atmen durch das linke und rechte Nasenloch – beruhigt Ihren Gedankenfluss, zentriert Ihr Bewusstsein und harmonisiert Ihre polaren Kräfte. Es unterstützt Sie, die Kohärenz (das Zusammenspiel) Ihrer Gehirnhälften zu erhöhen und die Asymmetrie Ihrer rechten und linken Körperhälfte auszugleichen. Und es ist ein effektives »Werkzeug« zur körperlichen und mentalen Entsäuerung.

Die persönliche Säure-Basen-Balance überprüfen

Wie schaut Ihr Leben aus? Führen Sie ein Leben in Balance oder sind Sie mit Sorgen und Problemen belastet und fühlen Sie sich gestresst? Bei gestressten Menschen liegt vielfach nur ein ungenügender Stressabbau vor. Dafür gibt es verschiedene Gründe:

- Es findet keine körperliche Tätigkeit statt, das heißt: kein Aus-agieren, keine Kampf- oder Fluchtreaktion.
- Es findet kein emotionaler Stressabbau statt, das heißt, es fehlen Entspannungsübungen und die emotionale Bearbeitung der aus-lösenden Situation.
- Es findet eine Stressverarbeitung statt, ohne aber zu einem befrie-digenden Ergebnis zu führen. Das heißt, dass neuer Stress in Form von negativen Erfahrungen den vorhandenen Stress verstärkt.

Der Alarmzustand bleibt bestehen und wird zum Beispiel durch Är-ger, Wut, Wahn oder Angst weiter verstärkt. Der Blutdruck, die Herz-frequenz und der Blutzuckerspiegel steigen an und Fehlverhalten wie Rauchen oder Naschen nehmen zu. Als Folge übersäuert der Körper.

Mit nachfolgender Checkliste erhalten Sie einen Überblick über Ihre persönlichen Stressfaktoren, die wiederum auf die Säure-Basen-Ba-lance wirken.

Kreuzen Sie bitte das jeweils Zutreffende an:

Mir geht alles nicht schnell genug.

O häufig   O manchmal   O nie

Ich bin schnell ungeduldig.

O häufig   O manchmal   O nie

Ich muss ständig etwas zu tun haben.

O häufig   O manchmal   O nie

Mit unterlaufen Flüchtigkeitsfehler.

O häufig   O manchmal   O nie

Ich darf bei der Arbeit keine Fehler machen.

O häufig   O manchmal   O nie

Freunde bezeichnen mich als ehrgeizig.

O häufig   O manchmal   O nie

Ich ärgere mich über Kollegen oder Vorgesetzte.

O häufig   O manchmal   O nie

Ich kann schwer zuhören.

O häufig   O manchmal   O nie

Ich kann schwer abschalten.

O häufig   O manchmal   O nie

Ich bin hektisch.

O häufig   O manchmal   O nie

Es wächst mir alles über den Kopf.

O häufig   O manchmal   O nie

Unberechenbare Mitmenschen halten mich in Anspannung.

O häufig   O manchmal   O nie

In Ärgersituationen fühle ich mich hilflos.

O häufig   O manchmal   O nie

Ich habe Angst zu versagen.

O häufig   O manchmal   O nie

Ich fühle mich überlastet.

O häufig   O manchmal   O nie

Ich gönne mir zu wenige Pausen.

O häufig   O manchmal   O nie

Ich schlafe schlecht.

O häufig   O manchmal   O nie

Ich habe morgens Schwierigkeiten aufzustehen.

O häufig   O manchmal   O nie

Ich sitze viel und habe mangelnde Bewegung.

O häufig   O manchmal   O nie

Mir bricht der Schweiß aus.

O häufig   O manchmal   O nie

Ich muss einen guten Eindruck machen.

O häufig   O manchmal   O nie

Ich darf keinen enttäuschen.

O häufig   O manchmal   O nie

Ich kann schwer Nein sagen.

O häufig   O manchmal   O nie

Mit meinen Arbeitsergebnissen bin ich unzufrieden.

O häufig   O manchmal   O nie

Ich bin den Ereignissen ausgeliefert.

O häufig   O manchmal   O nie

Ich spüre, dass ich ausgenutzt werde.

O häufig   O manchmal   O nie

Vorwürfe verkrafte ich schwer.

O häufig   O manchmal   O nie

Ich bin erkältet.

O häufig   O manchmal   O nie

Ich darf keinen Termin überziehen.

O häufig   O manchmal   O nie

Ich kann schwer zur Ruhe kommen.

O häufig   O manchmal   O nie

Familiäre Schwierigkeiten belasten mich.

O häufig   O manchmal   O nie

Ich kann am Wochenende und in den Ferien schlecht abschalten.

O häufig   O manchmal   O nie

Trennungserlebnisse belasten mich.

O häufig   O manchmal   O nie

Mich belasten weitere Stresssituationen.

O häufig   O manchmal   O nie

Nun addieren Sie die Anzahl der Kreuze in den unterschiedlichen Ka-
tegorien. Je mehr Sie »manchmal« oder »häufig« angekreuzt haben,
umso größer ist der Grad von Stress und Übersäuerung.

Ihr persönliches Stressprofil zeigt Ihnen ganz eindeutig die verschiedenen Schwachstellen. Sobald Sie diese erkannt haben, gibt es zwei
Möglichkeiten: Entweder Sie meiden in Zukunft Situationen, die Sie
in Stress bringen, oder Sie finden einen Weg, Ihr Verhalten in solchen
Situationen zu ändern und allmählich erwünschte Gewohnheiten anzunehmen. Das geschieht sehr wirkungsvoll durch das »mentale Umerleben«, das im folgenden Kapitel unter dem Stichwort »Schuldgefühle« näher erläutert wird.

Auf jeden Fall sind Sie nicht machtlos der Situation ausgeliefert. Schon
die Erkenntnis kann viel ändern, dass es keine stresserzeugende Situation gibt. Vielmehr können Sie jederzeit selbst bestimmen, wie Sie mit
der – mit JEDER – Situation umgehen.

II. SÄULE

Mental-seelische Ursachen für Übersäuerung – Bestandsaufnahme und lösungsorientiertes Verhalten

Die Auswahl der Nahrungsmittel entscheidet darüber, ob wir sauer oder basisch sind. Genauso wichtig ist die Tatsache, dass unsere geistige Haltung und unsere geistige Nahrung ebenfalls entscheidend zu unserer Übersäuerung oder auch Entsäuerung beiträgt. Jeder Gedanke, jede Emotion ist dabei ein Mosaikstein, der wohltuend oder schädlich wirken kann. Negativ geladene Emotionen wie Ärger, Hass oder Zorn machen uns sauer, positive Gefühle wie Liebe, Freude oder Wohlwollen tragen dagegen zur Entsäuerung bei. Der Volksmund fasst dieses feine Zusammenspiel zwischen Gefühlen und körperlichen Reaktionen sehr treffend zusammen. In heiklen Situationen fragen wir: »Bist du jetzt sauer?«

Die mentale Gesundheit wirkt auf das Immunsystem, das Herz-Kreislauf-System und auf die Neurogenese. Bis ins hohe Alter werden neuronale Bahnen gebildet. Das mentale Befinden hat darauf einen positiven Einfluss. Wenn wir um die Zusammenhänge wissen, können wir ganz gezielt damit arbeiten.

Was macht Sie sauer? Alle wesentlichen Indikationen von A (wie Ärger) bis Z (wie Zorn)

Als Detektive dürfen wir uns nun auf die Spur der Gefühle und Verhaltensweisen begeben, die uns sauer machen. Denn Erkenntnis ist der erste Schritt zur Lösung und Veränderung. Mentale Entsäuerung bedeutet Loslassen bzw. Transformation von kränkenden und krank machenden Gewohnheiten.

Ärger

Ärger macht alles nur noch ärger und verschärft in den meisten Fällen die Situation. Mensch, ärgere dich nicht! Denn nicht große Schicksalsschläge machen krank, sondern Alltagsärger. Da ist die plötzliche Laufmasche im Strumpf, die offene Zahnpastatube im Bad oder die falsch sortierte Ablage im Büro. Richard Lazarus von der Universität in Berkeley in Kalifornien hat in einer Studie nachgewiesen, dass die ständigen ärgerlichen Kleinigkeiten des Alltags in weit größerem Maße Auslöser für Bluthochdruck, Asthmaanfälle oder Angina pectoris sind als Schockerlebnisse.

Ärger löst oder verbessert eine ärgerliche Situation in keiner Weise. Das Ärgern ist die häufigste Form der mentalen Übersäuerung. Wie entsteht Ärger? Das Ärgern ist keine normale Reaktion, die ganz automatisch erfolgt. Ärgern haben wir vielmehr gelernt, meistens bereits in der Kindheit – durch das Beispiel der Umwelt. So haben wir als Kinder vielleicht täglich miterlebt, wie der gestresste Vater und die gehetzte Mutter am Abend nach Hause kamen und ihren Ärger über den unbefriedigenden Arbeitstag ungebremst herausließen. Die Kinder wachsen so in dem Glauben heran, dass Ärger eine angemessene Reaktion sei, wenn etwas schiefläuft.

Wir müssen eine solche Reaktion, die wir vielleicht bereits seit Jahrzehnten als normal angesehen haben, nicht weiter beibehalten. Alles, was wir irgendwann einmal gelernt haben, können wir auch wieder verlernen. Dazu hilft die Erkenntnis, dass Ärger immer mit einem Urteil verbunden ist, dass ein Ereignis, eine Situation oder ein Umstand ärgerlich sei. Ärger entsteht aber auch, wenn wir eine bestimmte Erwartung oder Vorstellung hatten, wie sich ein Projekt oder eine Begegnung entwickeln sollte. Tritt das Ereignis dann aber ganz anders ein, ärgern wir uns.

Hilfreich ist es, einmal die Situation oder den Vorfall aus einer anderen Perspektive wahrzunehmen. So kann es zum Beispiel sein, dass uns im Straßenverkehr ein anderer Autofahrer die Vorfahrt nimmt, wir aber im letzten Moment erfolgreich bremsen können. Nun haben wir zwei Reaktionsmöglichkeiten: Wir ärgern uns über die Rücksichtslosigkeit des Autofahrers und schimpfen lauthals vor uns hin. Später im Büro erzählen wir den Kollegen von der ärgerlichen Situation und am Abend »wärmen« wir bei unserem Partner die Geschichte erneut auf.

Eine ganz andere Möglichkeit der Reaktion wäre, sich über die schnelle und sichere Reaktion zu freuen. Durch diese Geistesgegenwart haben wir nämlich viel Zeit und Geld gespart für die Verhandlungen mit der Versicherung, mögliche Auseinandersetzungen mit der Werkstatt und eventuell sogar einen Klinikaufenthalt vermieden. Wenn wir nun am Arbeitsplatz eintreffen und am Abend nach Hause kommen, können wir von der guten Reaktion berichten und uns freuen, dass alles so gut ausgegangen ist.

Wir dürfen erkennen, dass wir in jeder Situation die Wahl haben, auf was wir unser Augenmerk richten und wie wir reagieren wollen. Ich lade Sie ein zu erkennen, dass in jeder ärgerlichen Lage mindestens ein Aspekt ist, der uns Anlass zu Freude oder Dankbarkeit gibt. Durch diese Reaktion steigt nicht der Säurepegel, sondern vielmehr tragen Sie durch diese positiven Emotionen zur mentalen Entsäuerung bei. Die Vorteile sind ein erhöhtes Wohlbefinden, gesteigerte Leistungsfähigkeit und Aktivierung der Selbstheilungskräfte.

Das Schöne ist auch, dass Sie nicht erst auf eine ärgerliche Situation warten müssen, um Ärger in Freude zu verwandeln. Probieren Sie doch einmal ein »Trockentraining«. Erleben Sie typische ärgerliche Situationen VORHER. In Ihrer Vorstellung nehmen Sie sich eine ärgerliche Situation und machen Sie sich bewusst, wie Sie in Zukunft mit einer solchen Situation umgehen werden und wie Sie JEDEN Ärger in Freude umwandeln. So können Sie ganz bewusst die Entscheidung treffen, sich auch in ärgerlichen Situationen zu freuen. Wenn Sie diese Szenarien immer wieder geistig durchspielen, legen Sie sich ganz automatisch eine neue ärgerfreie Gewohnheit zu.

Machen Sie sich dabei die Macht der Wiederholung zunutze. Wenn Sie Ihr neues Reaktionsmuster mindestens 21 Mal wiederholen, nimmt Ihr Unterbewusstsein das neue erwünschte Verhalten als Gewohnheit an. Dabei genügt die Wiederholung auch rein in der Vorstellung, damit diese neue Reaktionsweise im Unterbewussten verankert wird. Sie erleben dann tatsächlich, wie in Ihrem Leben eine ärgerliche Situation eintrifft. Aber da ist keiner mehr da, der sich ärgert, weil Sie eine neue hilfreiche Gewohnheit geschaffen haben.

Machen Sie sich bewusst, dass nichts und niemand auf der Welt die Macht hat, Sie zu ärgern, das können immer nur Sie selbst. Und darum sind Sie auch der Einzige, der das jederzeit lassen kann – JETZT!

Aggression

Können Sie sich ein Leben frei von Aggressionen vorstellen? Wenn wir unsere Aggressionen loslassen wollen, dann ist die Erkenntnis hilfreich, dass unser Leben so ist, wie wir es gestalten, und dass wir es ja in jedem Augenblick ändern können. Aggressionen aber ändern gar nichts, machen uns nur unbeliebt und das Leben schwerer, als es ist. Darum machen wir uns bewusst, wogegen wir eigentlich in Wirklichkeit sind, und ändern uns und unser Leben, bis es für uns stimmig ist.

Zu Aggressionen kommt es meist in Situationen, in denen wir uns als hilfloses Opfer oder unter Stress fühlen. Das können Auseinandersetzungen mit Vorgesetzten und Kollegen sein, am Fließband, wo man vom Zeittakt getrieben wird, im Schichtbetrieb oder im hektischen Straßenverkehr.

Stress ist ein vom Zwischenhirn ausgehendes Programm, das in der Evolution als Überlebensmechanismus entstand. Dieses Programm mobilisiert auch heute noch ständige Energien, die dann aber meist nicht ausgedrückt und abreagiert werden können. Ganz gleich, was der Auslöser für den jeweiligen Stress ist – es läuft noch immer derselbe Rettungsmechanismus wie in der Steinzeit ab und bereitet uns blitzschnell auf Kampf oder Flucht oder »Totstellen« vor.

Wenn wir aggressiv sind und uns aufregen und uns das Herz bis zum Hals schlägt, wenn wir unter Druck stehen, dann ist das nicht nur ein unangenehmes Gefühl, sondern es läuft ein messbares Programm ab.

Nervenschalter und Regelkreise und chemische Stoffe treten in Aktion, insbesondere kommt es zur Ausschüttung der Hormone Adrenalin und Noradrenalin. Bei diesem inneren Programm reagieren wir mit unserer ganzen Person – mit dem Verstand, dem Gefühl, mit unwillkürlichen Körperreaktionen und letztlich mit zielgerichtetem Verhalten. Auf diesen vier Ebenen läuft das Folgende ab:

- Verstand
  Sie überlegen sich, wie Sie sich in der vorliegenden Situation verhalten wollen. Sie wägen Gründe ab, die für oder gegen ein bestimmtes Verhalten sprechen. Ob Sie dem Chef jetzt endlich einmal die Meinung sagen wollen oder ob es »vernünftig« ist zu schweigen. Schließlich könnte das zu einer ernsten Auseinandersetzung und vielleicht zu einem Verlust des Arbeitsplatzes führen.

- Gefühl
  Das Gefühl ist vielleicht mit Ihrer Zurückhaltung überhaupt nicht einverstanden, möchte viel lieber ausgedrückt werden. Die Zurückhaltung macht Sie nicht nur ärgerlich und aggressiv, Sie fühlen sich ausgeliefert und überlastet. Sie sind aufgeregt und nervös. Und wenn Sie nur an die Situation denken, könnten Sie schon aus der Haut fahren.

- Körper
  Es kommt zu erhöhtem Blutdruck, Leere im Kopf, zu einem dumpfen Gefühl in der Magengegend, zu Schweißausbruch und geröteter Haut.

- Verhalten
  Ihre Bewegungen werden hastig und fahrig und unsicher. Vielleicht schreien Sie einen anderen bei einem ganz geringen Anlass an, machen sich unbeliebt in Ihrer Umgebung und können sich im Grunde selbst nicht leiden. Wir alle haben schon ähnliche Erfahrungen gemacht. Wichtig ist nur zu erkennen, dass der Körper immer reagiert, weil die aufgestaute Energie einen Ausweg sucht. Wenn wir ihr nicht erlauben, sich außen auszuleben, dann geht diese Energie mit allen schädlichen Folgen nach innen

los. Das beeinträchtigt nicht nur unsere Widerstandskraft, weil es uns aus dem Gleichgewicht bringt, sondern führt früher oder später zu Störungen und Erkrankungen.

Stress und Aggressionen sind ein natürliches, lebensnotwendiges und völlig harmloses Programm, wenn die mobilisierte Energie ausgelebt wird. In der Steinzeit geschah dies durch Angriff – war der tödliche Hieb gegen ein gefährliches Tier ausgeführt bzw. die Flucht vor einem überlegenen Gegner geglückt, dann war die mobilisierte Energie verbraucht und der Körper stellte sich wieder auf »Normalbetrieb« ein.

Stress und Aggressionen haben nur dann eine schädliche Wirkung, wenn die mobilisierten Energien aufgestaut werden. Ein typisches Beispiel ist das Autofahren, das die Körperkräfte fast überflüssig macht, uns aber immer wieder in Stresssituationen bringt, die wir dann aber nicht abreagieren können. Wer kann schon nach jeder ärgerlichen und stressigen Situation anhalten und einen kleinen Waldlauf machen, bis die überschüssige Energie verbraucht ist?

Bewegung ist nämlich ideal, um aggressive Spannungen zu lösen. Ein anderer hilfreicher Tipp ist, typische Aggressionen auslösende Situationen nach Möglichkeit weitgehend zu vermeiden. Wählen Sie sich Ihren Freundes- und Bekanntenkreis sorgfältig aus. Es zwingt Sie niemand, Ihre Zeit mit Menschen zu verbringen, die Ihnen nicht guttun bzw. die Aggressionen bei Ihnen auslösen.

Ist Ihr Arbeitsplatz durch ein hohes Aggressionspotenzial gekennzeichnet, überlegen Sie sich genau, ob und wie lange Sie sich das noch antun wollen. Wir sprechen von Ihrer Lebenszeit und nicht von Überlebenszeit.

Angst

Angst ist ein Zustand, der unser Leben zur Hölle machen kann. Das Gefährliche an der Angst ist, dass sie sehr schnell zu einem Dauerbegleiter werden kann. Ähnlich wie Ärger, so trägt auch Angst eine starke Ladung in sich, die extrem sauer machen kann.

Das Wort »Angst« kommt aus dem Lateinischen »angustus« und bedeutet »eng«. Eine enge, begrenzte und begrenzende Sichtweise führt zu Angst. Das Gegenmittel ist eine Änderung der Sichtweise. Wenn wir Menschen, Dinge und Situationen zu eng (engstirnig) sehen, dann erweckt das Angst. In diesem Fall dürfen wir unseren Mut zusammennehmen und uns die Personen und die Dinge, die uns Angst einflößen, genau anschauen und uns fragen, was genau Furcht auslöst. In einem zweiten Schritt machen wir uns dann bewusst, was passieren könnte und was im schlimmsten Fall die Konsequenzen wären. Meist geht es gar nicht um Leben und Tod, vielmehr ist es das »Kopfkino«, unsere Fantasie, die sich die schlimmsten Horrorszenarien ausmalt.

Die Angst hat viele Gesichter. Menschen haben Angst vor Schwierigkeiten, vor Katastrophen, einem Unfall, einem Zusammenbruch unserer Wirtschaft, einem Verlust. Wir haben Angst, einen geliebten Menschen zu verlieren, oder Angst, selbst das Leben zu verlieren. Angst ist für viele zu einem ständigen Begleiter geworden. Diese Menschen können sich ein Leben ohne Angst gar nicht mehr vorstellen. Die am häufigsten genannten Ursachen für Angst sind:
- Versagen,
- Sinnlosigkeit,
- Ablehnung,
- Krieg,
- Einsamkeit.

Das aber sind bestenfalls die Auslöser für die Angst. Die eigentliche Ursache ist stets in mir, in der Enge meines Denkens, der fehlenden Rückbindung, der Religio an den Urgrund des Seins. Sobald wir unser Bewusstsein erweitern, verschwindet die Angst. Angst ist demnach ein spezifisches Problem des Menschen, der eine höhere Lebensordnung nicht sieht oder ablehnt. Sie ist gewissermaßen der Preis für den Anspruch des Menschen, das Leben nach seinen Vorstellungen zu prägen. Angst kann nur da entstehen, wo das Vertrauen in das Leben und dessen Sinn verloren gegangen ist.

Um das Verständnis für die Angst und den angemessenen Umgang zu erleichtern, ist es vorteilhaft, vier verschiedene Arten von Angst zu unterscheiden:
- Angst aufgrund von Gefahrensignalen, die ich verstehe;
- Angst aufgrund von Gefahrensignalen, die ich nicht verstehe;
- Angst aufgrund von Gefahrensignalen, die ich nicht bewusst wahrnehme;
- Angst, die nicht aufgrund von Gefahrensignalen entstehen, sondern aufgrund meiner unrealistischen Erwartungen oder Fantasien (Vorstellungen).

Jede Angst wird auf der Stelle kleiner, wenn wir sie genau betrachten und analysieren. Umgekehrt wächst sie, wenn wir vor ihr zurückschrecken. Worauf es ankommt, ist, dass wir den Mut haben, uns mit unserer Angst zu befassen. Furchtlose Menschen sind nicht von Natur aus angstfrei, vielmehr haben sie gelernt, sich ihrer Angst zu stellen und sich konstruktiv mit ihr auseinanderzusetzen. Immer dann, wenn Ängste in uns aufsteigen, halten wir also inne und betrachten uns die vermeintlichen Säbelzahntiger genau. Wenn wir erkennen, dass das Raubtier in Wahrheit nur eine Schmusekatze ist, dann gibt es sofort Entwarnung im Körper und wir haben einmal mehr mental entsäuert.

Angst will dienen und helfen. Sie zeigt, dass ich nicht ICH SELBST bin, dass mein Bewusstsein eng ist und dass meine Angst nur eine Chance und Aufforderung ist, mein Bewusstsein zu erweitern und mich wieder daran zu erinnern, wer ich wirklich bin, und dass es nichts gibt, das ich wirklich befürchten müsste, weil ich selbst verursache, was mir widerfährt – und das kann ich jederzeit ändern.

Die nachfolgende Meditation, die wir uns vorlesen lassen oder auf einen MP3-Player aufnehmen, kann hilfreich bei Ängsten sein:

Ich beobachte meinen Atem. Nichts verändern, nur beobachten. Während ich meinen Atem beobachte, lasse ich ihn ganz behutsam tiefer werden. Nun lenke ich meinen Atem zunächst in den Bauch. Ich atme ruhig und gleichmäßig in den Bauch.

Nun lenke ich den Atem in mein Herz. Während ich atme, lasse ich mein Herz ganz weit werden. Nun lasse ich den Atem ganz los, überlasse ihn sich selbst und spüre, ES atmet mich!

Nun bestimme ich noch die Qualität des Atems und atme die HARMONIE DER SCHÖPFUNG ein. Ich atme ganz bewusst die HARMONIE DER SCHÖPFUNG ein und spüre, wie sich jede Zelle meines Körpers mit Harmonie und Gesundheit, Ruhe und Geborgenheit erfüllt.

Jede Zelle meines Körpers ist jetzt erfüllt mit Harmonie und Gesundheit, Ruhe und Geborgenheit. Ich genieße dieses Gefühl und komme dann wieder ins Hier und Jetzt zurück.

Burn-out

Hektik, Stress, Ärger, chronische Überlastung – das sind Faktoren, die zu einem Burn-out und zu einer Erschöpfungsdepression führen können. Zuerst sind wir »Feuer und Flamme« für eine Aufgabe und Herausforderung, wir geben unser Bestes und, wenn es sein muss, alles. Und am Ende fühlen wir uns wie eine Kerze, die an beiden Seiten angezündet und schließlich ausgebrannt ist.

Besonders gefährdet sind Menschen in sozialen und therapeutischen Berufen: Ärzte, Krankenschwestern, Therapeuten, Seelsorger, Sozialarbeiter, Altenpfleger, aber auch Mütter. Ehrgeizige und leistungsorientierte Menschen, die sich selbst ständig überfordern und das Aufladen der Batterien vernachlässigen, gehören ebenfalls zum Kreis der von einem Burn-out bedrohten Menschen.

Folgende Situationen können zu einem Burn-out führen:
- Arbeiten im Berufs- oder Familienleben unter einem permanenten Zeit- und Termindruck,
- Arbeitsüberlastung bzw. zu lange Arbeitszeiten,
- fehlende Entspannungs- und Rückzugsmöglichkeiten,
- fehlende Psychohygiene,

- Schuldzuweisungen,
- Mobbing,
- Angst vor Fehlern und Versagen,
- Zweifel an der eigenen Persönlichkeit und dem Können,
- Angst vor Konkurrenz und Arbeitsplatzverlust,
- Unfähigkeit zum Delegieren und beim Setzen von Prioritäten.

Der Umgang mit diesen Herausforderungen ist sehr individuell. Stehen keine oder nur ungenügende Lösungsstrategien zur Verfügung und häufen sich die Stressfaktoren, dann spitzt sich die Lage zu. Besteht keine Aussicht auf Lösung der als belastend empfundenen Situation, steigt das Risiko eines Burn-outs.

Zumeist beginnt der Prozess des Burn-outs schleichend mit Zuständen körperlicher, seelischer und intellektueller Erschöpfung. Im Zustand des Ausgebranntseins kämpfen Körper und Bewusstsein gegen diesen Zustand an. Es werden Kräfte mobilisiert, die Abwärtsspirale aufzuhalten. Gelingt dies nicht, kann es zu einer sogenannten Erschöpfungsdepression kommen.

Folgende Anzeichen geben Hinweis auf ein Burn-out:
- Nervosität,
- Ruhelosigkeit,
- depressive Verstimmungen,
- Überforderungsgefühl,
- pessimistische Weltsicht,
- Selbstmordgedanken,
- Ängste,
- mangelnde Belastbarkeit,
- rasche Ermüdung,
- Schlafprobleme,
- Tinnitus,
- Schwindelgefühle,
- Unfähigkeit, am Wochenende oder im Urlaub abzuschalten,
- Verspannungen,
- Schmerzen (insbesondere Kopf- und Rückenschmerzen),
- Neuralgien (insbesondere Trigeminusneuralgien),
- Bandscheibenvorfall,

- erhöhter Blutdruck,
- Herzrasen,
- Verdauungsprobleme (besonders Durchfall),
- geschwächtes Immunsystem (Neigung zu Erkältungen),
- Lustlosigkeit,
- Rückzug von Freunden und Hobbys,
- Suchtproblematik (Süßigkeiten, Alkohol, Rauchen, Medikamente).

Wenn mehrere dieser Faktoren zutreffen, ist es höchste Zeit, die Notbremse zu ziehen. Ideal wäre es, für einige Wochen aus der belastenden Situation in Familie oder Beruf herauszukommen. Eine stationäre Rehabilitation in einer psychosomatischen Klinik kann angezeigt sein. Wichtig ist es, nach Lösungen zu suchen und weder im Opferbewusstsein noch im Zuweisen von Schuld zu verharren. Gefragt ist Selbstverantwortung. Wir nehmen uns so an, wie wir sind, und schauen, welche Stärken wir haben und wie wir unsere inneren Ressourcen wieder mobilisieren können.

Es gilt, ein positives inneres Selbstbild aufzubauen. Denn unsere Umwelt reagiert auf unsere Ausstrahlung. Strahlen wir Selbstsicherheit und Stärke aus, behandelt man uns entsprechend. Fühlen wir uns als schwaches Opfer, ziehen wir nach dem Gesetz der Resonanz eine entsprechende Wirkung in unser Leben. Liebevolle Gedanken des Wohlwollens und der Entspannung, der Freude und der Leichtigkeit sind ein Schutz vor Burn-out.

Sind wir bereits betroffen, kann ein moderates Bewegungstraining hilfreich sein. Täglich ein bis zwei Stunden walken, wandern oder Rad fahren tragen dazu bei, Spannungen abzubauen und die innere Balance wiederzufinden. Optimal ist Bewegung im Freien, da die wohltuende Wirkung der Natur, Sonne und frische Luft heilsam wirken.

Hilfreich ist auch, eine entsprechende Entspannungstechnik wie Yoga, autogenes Training, Qigong oder progressive Muskelrelaxation zu erlernen oder bei einem erfahrenen Shiatsu- oder Reiki-Therapeuten Unterstützung durch Körper- und Energiearbeit zu bekommen.

Burn-out-Patienten dürfen erkennen, wie wichtig die richtige Balance zwischen Anspannung und Entspannung, zwischen Arbeit und Freizeit ist. Eine verantwortungsbewusste Selbstfürsorge zu entwickeln und das Zauberwort »Nein« zum richtigen Zeitpunkt sicher und selbstbewusst auszusprechen – das sind wichtige Schlüssel zur Bewahrung der Gesundheit.

Depression

Depressionen sind nicht immer therapiebedürftig. Sie haben ihre Ursache ganz oft in einem objektiven Anlass, zum Beispiel in Spannungen mit dem Partner, oder man lebt mit den Eltern oder Schwiegereltern unter einem Dach und ist Angriffen ausgesetzt oder man ist im Berufsleben Mitglied eines Teams, das nicht funktioniert. Diese Situationen erzeugen Druck, Angst, mangelnde Effizienz und Frust. Kommt dann noch ein Gefühl der Hilflosigkeit dazu, dann können leicht Depressionen entstehen. Gelingt es jedoch, aus einer als ausweglos empfundenen Situation zu entkommen, steigt die Chance auf Beendigung des depressiven Zustandes.

Bei Depressionen können energiereiche Worte eine gesundheitsfördernde Wirkung haben, ebenso wie lebendige Erinnerungen. Jeder Mensch hat Zeiten erlebt, die schön und voll Freude waren. In Phasen der Depression können diese lebendigen Erinnerungen heilsam wirken. Dies geschieht, indem wir ganz in die positiven Bilder eintauchen, sie so deutlich wie möglich vor unseren inneren Augen sehen und vor allem die damit verbundenen Gefühle so lebendig wie möglich wachrufen und mit jeder Zelle unseres Körpers fühlen.

Machen Sie sich einmal bewusst, was in IHNEN dieses Wohlgefühl auslöst und Ihnen Geborgenheit und Sicherheit vermittelt. Nachfolgend finden Sie einige Möglichkeiten zur Anregung:
- – Natur,
- – Wandern,
- – Sonnenuntergang,
- – eine besondere Urlaubsreise,

- ein Jubiläum,
- Weihnachten feiern,
- ein Überraschungsgeschenk,
- ein berührender Film,
- ein Strandspaziergang,
- Sitzen am Kamin oder Lagerfeuer,
- Kuscheln mit einem geliebten Menschen.

Für depressive und pessimistische Menschen gibt es zwei besondere Schlüssel, die segensreich wirken können: die Kraft der Dankbarkeit und das Zauberwort »Ja«.

Beginnen Sie den Tag mit einer Dankbarkeitsliste. Machen Sie sich bewusst, wofür Sie gerade heute dankbar sein können:
- Ihr Leben,
- Ihre Partnerschaft,
- Ihre (gesunden) Kinder,
- Ihr schönes Zuhause,
- das Leben in einem sicheren Land unter guten Bedingungen,
- die tägliche Nahrung,
- Zugang zu reinem Wasser,
- Ihre Freunde,
- Ihren Arbeitsplatz,
- …

Danken Sie für diese großen Schätze und segnen Sie alles aus Ihrem tiefsten Inneren. Alles, was Sie so voll Dankbarkeit betrachten und ehrlichen Herzens segnen, wird Ihnen zum Segen gereichen. Dieses Ritual, am besten jeden Morgen praktiziert, wirkt wie Balsam für ein depressives Gemüt. Probieren Sie es aus.

Können Sie sich ein besseres, zufriedeneres Leben vorstellen? Das hilfreichste Wort der Welt ist »Ja«.

Sie sollten »Ja« als Ihr Kraftwort auf einen großen Zettel schreiben und an die Wand hängen, damit sich diese zwei kraftvollen Buchstaben tief in Ihrem Innersten einprägen. Die Arbeit mit dem »Ja« funktioniert so: Denken Sie »Ja«, wenn wieder einmal depressive Gedanken durch

Ihr Gemüt ziehen oder Sie etwas Unangenehmes tun müssen. Denn mit »Nein« bleibt alles so, wie es ist.

Denken Sie »Ja«, wenn Sie Ärger im Büro haben. »Nein« löst das Problem nicht. Denken Sie »Ja«, wenn ein Spannungskopfschmerz Sie plagt.

Sagen Sie »Ja« zu den schlechten Zensuren Ihrer Kinder, zum Motorschaden, zum verpassten Flugzeug oder zu verregneten Ferien. Wenn Sie mit einem Tobsuchtsanfall reagieren, ändert das nichts an der Situation. »Ja« ist Medizin, besser als jede in Pulver- oder Tropfenform. »Ja« hilft in jeder Situation. »Ja« macht den Kreislauf und das Herz munter, die Sorgen kleiner und das Leben leichter.

»Ja« sagen zu unserem Leben, zu unserem Sein, zu unserem So-SEIN. Es geht darum, anzunehmen, was ist. »Ja« sagen heißt auch: Furchtlos zu den Dingen stehen und wissen, dass wir auch das weniger Angenehme ruhig zulassen können, weil wir die Kraft in uns haben, es zu überwinden und zu ändern.

Man braucht nicht Millionär zu sein, um sich des Lebens richtig zu erfreuen. Die schönsten Dinge im Leben kann man ohnehin nicht kaufen.

Harmonie, Freude, inneren Frieden und heitere Gelassenheit sind Naturgesetze, die uns unbegrenzt zur Verfügung stehen. Gesundheit ist ein naturgemäßer Zustand. Voraussetzung ist, dass wir durch ständiges Bejahen in Erscheinung rufen, was wir uns ersehnen. Aus dieser »Lebensbejahung« entsteht erst die große Lebensfreude, die unserem Dasein den eigentlichen Sinn gibt. Nur so können wir in dem ständigen negativen Bombardement der äußeren Einflüsse bestehen und glücklich (über-)leben.

Enttäuschungen

Wir dürfen ganz einfach unsere Enttäuschungen aus unserem Leben verabschieden. Dies aus der Erkenntnis, dass wir offensichtlich bis jetzt in einer Täuschung gelebt haben. Der andere Mensch hat nun schmerzhaft diese Täuschung beendet. Enttäuschungen sind das Ende der Täuschung. Im Grunde können wir anderen nur dankbar sein, dass Sie uns auf die Wirklichkeit aufmerksam machen. Denn nur wenn wir in der Wirklichkeit leben, haben wir eine Chance, sie zu ändern und nach unseren Wünschen zu gestalten.

Auf was es ankommt, ist, einen Traum zu haben, den man zu verwirklichen sucht. Während wir uns auf den Weg zum Ziel machen, liegt das Geheimnis des Glücks darin, diesen Weg zu genießen. Dabei dürfen auch nicht enttäuscht sein, wenn sich Hindernisse und Probleme auftun. Diese Widrigkeiten betrachtet man am besten als Situationen, die verbessert werden müssen, als Gelegenheiten zu wachsen oder bestenfalls als vorübergehende Unannehmlichkeiten, die zu beseitigen sind.

Lernen Sie das Geheimnis der Ausdauer und Beharrlichkeit kennen. Ein altes chinesisches Sprichwort sagt: »Dem Menschen wird nichts unmöglich, hätte er die Beharrlichkeit.« Die meisten Menschen aber suchen Gewinn ohne Einsatz und alles und sofort. Erfolgt das nicht, sind sie enttäuscht. Bemühen wird nicht mehr akzeptiert oder als ein zu hoher Preis angesehen. Worum man sich aber nicht bemühen muss, das ist meist auch seiner Mühe nicht wert.

Wir gewinnen nur, wenn wir entscheiden, mutig, zuversichtlich, vor allem aber beharrlich ans Werk zu gehen. Diese Eigenschaften können trainiert werden, wenn sie nicht ausreichend vorhanden sind. Mit Beharrlichkeit können auch schwerwiegende Schwächen und Mängel, selbst angeborene, beseitigt werden, und zwar für alle Zeit.

Das Schicksal ist kein Glücksspiel, vielmehr haben wir die Freiheit, in jedem Augenblick zu wählen. Wir können nicht aufhören zu wählen. Und wenn wir nicht bewusst wählen, dann ist das auch eine Entscheidung. Jede Wahl ist eine Ursache, die als entsprechende Wirkung auf mich zurückkommt.

Wenn wir um diese Gesetzmäßigkeit von Ursache und Wirkung wissen und bewusst damit umgehen, dann brauchen wir auch nie wieder enttäuscht sein. Denn wir wissen ja nun, wie wir alles selbst in der

Hand haben – durch unsere bewusste Wahl und unsere klaren Entscheidungen.

Also sollte ich mich einmal fragen:
- Weiß ich (immer), was ich will?
- Glaube ich an mich selbst?
- Lasse ich mich leicht entmutigen?
- Halten mich andere für beharrlich?
- Halte ich mich selbst für beharrlich?
- Sind Enttäuschungen ein Grund zum Aufgeben?
- Denke und spreche ich in positiver Weise über meine Ziele?
- Führe ich zu Ende, was ich anfange?

Ein Schlüssel zur Vermeidung von Enttäuschungen ist der richtige
Umgang mit unseren Gedanken. Der Gedanke ist wohl der wichtigste,
aber am wenigsten verstandene Faktor. Die meisten Menschen sehen
ihre Gedanken als etwas ganz Privates an, das nur eine momentane
Wirkung auf sie selbst hat. Die Wahrheit ist, dass Gedanken riesige
Kräfte in Bewegung setzen. Ein Gedanke ist eine verdichtete Idee,
die vom Bewusstsein in den Verstand projiziert wird. Gedanken sind
schon in eine feine Form von Materie gehüllt. Denken ist das Bewegen
geistiger Energie. Beharrlich bewegte Energie verwirklicht sich mate-
riell. Der Gedanke schafft das, was wir als unsere Wirklichkeit erleben.

Ein kleiner Schlüssel, der nur wenige Gramm wiegt, kann eine Tre-
sortüre öffnen, die viele Tonnen wiegt. Ihr Schlüssel zur inneren
Schatzkammer heißt »Gedankendisziplin«. Nur mit Gedankendisziplin können wir Erkenntnisse in die Tat umsetzen, die richtigen Ursachen setzen und so die erwünschten Wirkungen hervorrufen. Nur
mit Gedankendisziplin werden wir zum Herrn unseres Schicksals. Als
Schöpfer bestimmen wir unsere Wirklichkeit. Und damit verabschieden wir Enttäuschungen aus unserem Leben.

Jeder einzelne Gedanke verändert unser Schicksal, verursacht Erfolg
oder Pech, Gesundheit oder Krankheit, Glück oder Leid. Wir müssen
daher lernen, möglichst optimal mit unserem Denkinstrument umzugehen. Das heißt vor allem wahres positives Denken zu praktizieren, also zu erkennen, dass alles, was mir widerfährt, in Wirklichkeit

für mich gut ist, weil ich es verursacht oder notwendig gemacht habe. Wir sollten darum unsere Gedanken so sorgfältig wählen wie unsere Worte. Wir dürfen ihnen nicht erlauben loszuziehen und eine Zukunft zu verursachen, die wir so nicht gewollt haben. Verinnerlichen wir, dass Denken das Schaffen einer Form ist, die, vom Geist einmal ausgesandt, sich in Materie kleidet, bis sie sich als Umstand oder Ereignis manifestiert. Wir alle sind Schöpfer, Träger und Überwinder unseres Schicksals in einer Person.

Wir können uns unser Traumleben schaffen, indem wir ein klares Ziel vor Augen haben und diese bildhafte Vorstellung jeden Abend in den Schlaf hineinnehmen. Dort bleibt sie ungestört durch Gedanken und andere Vorstellungen und verdichtet sich zur Wirklichkeit. Sie schaffen ganz einfach das erwünschte Bild auf Ihrem geistigen Bildschirm, stellen sich alles intensiv vor, spüren genau, wie sich der erwünschte Endzustand anfühlt und wie der Vorgang alle Bereiche des Seins erfasst. Indem die Vorstellung immer lebendiger wird, wird sie zum Erleben und schließlich zu unserer Wirklichkeit.

Das, was wir Schicksal nennen, verwirklicht nur unsere Gedankenbilder. Sind diese begrenzend und negativ, werden diese Gedankenbilder mit absoluter Sicherheit begrenzende und negative Verhältnisse bringen. Das Leben akzeptiert jedes Bild und lässt als äußere Wirklichkeit in Erscheinung treten, was immer Sie sich vorstellen. Ihre selbst geschaffene innere Wirklichkeit schafft die entsprechenden Lebensumstände. Und in jedem Augenblick haben Sie die Wahl, Ihr Leben neu zu bestimmen.

Egoismus

Egoismus entsteht, wenn wir im Ego anstatt in unserem wahren Selbst sind. Egoismus ist ein Zustand der Unbewusstheit und der Unwissenheit. Erkennen wir in diesem Zustand die Weisheit der Unwissenheit, öffnen sich neue Türen. Wann immer wir an die Grenzen unseres Wissens stoßen, befällt uns ein Gefühl des Unbehagens. Aber nur in diesen Situationen haben wir die Chance, durch das Tor der Unwissenheit und Unbewusstheit in die unmittelbare Wahrheit zu treten und damit in die unendlichen Möglichkeiten des Seins. Die Weisheit des Nichtwissens und der Unbewusstheit erschließt uns die Pforte zu einer tieferen Dimension des Seins. Wenn das begrenzte Wissen nicht mehr unser Handeln bestimmt, haben wir die Chance, miteinander eine neue Wahrheit, einen tieferen Bereich der Wirklichkeit zu »ent-decken«.

Zu seinem Egoismus, seiner Unbewusstheit und Unwissenheit zu stehen, ist daher nicht Dummheit, sondern ein Zeichen von Mut und ein Schlüssel zur Wandlung und zu einer neuen Lebendigkeit. Achtsam und voller Achtung können wir so miteinander in bisher unbekannte Bereiche des Lebens eintreten. Das Paradox zwischen Bemühung und Hingabe ist eine der großen Herausforderungen des spirituellen Weges, aber auch ein Sprungbrett in ungeahnte Tiefen der inneren Wirklichkeit. Plötzlich sind wir nicht mehr bekleidet mit der Rüstung unseres Wissens, sondern stehen unvermittelt in unserem eigenen Licht, bereit, aus uns heraus zu leben, als Zeichen eines erwachten Menschen, der den Schritt vom Ego zum SELBST vollzogen hat.

In jenen Augenblicken reinen Daseins tritt der wesenhafte, wirkliche Wandel auf und ein »Yoga der Möglichkeiten« eröffnet sich. Die Grundnote unseres Daseins ist in eine höhere Schwingungsebene gelangt. Ein Schritt, der durch Wissen nicht zu erreichen ist, aber dieser Schritt umfasst gleichzeitig alle Aspekte unseres Sein. Eine wirkliche Wandlung führt zu einer andauernden Bewusstheit, die in jedem Aspekt unseres Alltagslebens wahrnehmbar ist.

Wir machen uns bewusst, dass ohne das »Ich«, das Ego, alles ganz einfach ist.

Nur ein »Ich« …

… kann sich ärgern, hat Angst und Probleme, kann krank werden, hat Sorgen, erlebt Mangel und Leid, hat Vorstellungen und Wünsche, eine Meinung oder einen Standpunkt, will recht haben, hat Sehnsucht nach …, Widerstand gegen …, Angst vor …, will andauernd etwas anderes, als das, was ist, und es leidet, wenn es nicht das bekommt, was es WILL, es »muss« ständig etwas, ist empfindlich, hat Schuldgefühle, hat ein negatives Selbstbild, ist enttäuscht, hat Aggressionen, erlebt Wut und Neid, hat Minderwertigkeitsgefühle, erwartet, urteilt, leidet an seiner Vergangenheit, kann lieblos sein, ist in einer schwierigen Beziehung, will den anderen immer ändern, will alles nach seiner Vorstellung haben, befasst sich mit Unwesentlichem, identifiziert sich mit seinem Körper, hat keine hilfreichen Überzeugungen, erlebt Misserfolg, glaubt an Glück, Pech und Zufall, glaubt, einen freien Willen zu haben, altert, stirbt irgendwann, will »vorwärtskommen«, besser werden, ist beleidigt, gekränkt, verletzt, hofft, lügt, arbeitet und »muss« Geld verdienen, rastet aus, bekommt Falten, erlebt Hass, ist oft unglücklich und ist doch nur eine Illusion, leidet an Übergewicht, hat hohe Ansprüche, nicht erfüllte Erwartungen, will geliebt werden, gibt an, will immer einen guten Eindruck machen, träumt von einem besseren Leben, von einem Lottogewinn, mehr Geld, will berühmt sein usw.

Das Selbst ...

... interessiert sich für alles das gar nicht. Kennt keinen Ärger, keine Angst, keinen Stress, hat keine Probleme, es ist vollkommen. Es wurde weder geboren noch kann es krank oder alt werden, noch kann es sterben. Es war immer und wird immer SEIN. Ist reine Existenz, die liebevolle »Präsenz des SEINS«, muss nicht an sich »arbeiten«, sich entwickeln, noch »vorwärtskommen«. Ist immer am Ziel, lebt in JEDEM Augenblick »angekommen«. Erwartet und will nichts, hofft und urteilt nicht, ist bescheiden und einfach, ist vollkommen und empfindet alles als »gleich-gültig«, ist in JEDEM Augenblick ehrlich und authentisch.

Als SELBST kann ich mich zurücklehnen und das »Spiel des Lebens« genießen. Ich erlebe JEDEN Augenblick als Geschenk und JEDER Augenblick ist einmalig. Ich kann ALLES in JEDEM Augenblick ändern, denn ich bin eingeladen, die Schöpfung mitzugestalten. Nichts ist leicht oder schwer, alles IST. Und so lebe ich ganz bewusst im Paradies, in »heiterer Gelassenheit« und in der »Leichtigkeit des SEINS«. Das Leben ist ein Spiel und wenn es mir nicht mehr gefällt, wähle ich ein neues Spiel, denn ICH kann bestimmen, wie es verläuft und vor allem wie es ausgeht. Das Leben wartet nur darauf, dass ich ihm die entsprechenden »Anweisungen« gebe. Die wichtigste Anweisung ist mein SO-SEIN und alles »geschieht« vollkommen mühelos.

Zur Überwindung von Egoismus ist es auch hilfreich, Sensibilität zu entwickeln. Sensibilität, das ist jene Elastizität, die Menschlichkeit ermöglicht. Nachfolgend einige wertvolle Tipps:

- Der beste Weg, einen Streit zu gewinnen: vermeiden Sie ihn!
- Achten Sie die Ansichten des anderen! Sagen Sie niemand, dass er unrecht habe!
- Wenn Sie unrecht haben, geben Sie es schnell und nachdrücklich zu!
- Versuchen Sie es zunächst mit Freundlichkeit!
- Lassen Sie es den anderen, erst einmal »Ja! Ja!« sagen!
- Lassen Sie den anderen ruhig die Kosten der Unterhaltung bestreiten. Erweisen Sie sich als aufmerksamer und damit guter Zuhörer!
- Lassen Sie den anderen glauben, es sei seine Idee!
- Versuchen Sie aufrichtig, die Dinge vom Standpunkt des anderen zu sehen!
- Stellen Sie sich auf die Ideen und Wünsche anderer ein!
- Setzen Sie eine anständige Gesinnung voraus!
- Beginnen Sie mit Lob und aufrichtiger Anerkennung!
- Ärgern Sie sich nicht über Kritik!
- Zeigen Sie Wertschätzung!
- Loben Sie jede Verbesserung, auch die geringste.
- Seien Sie herzlich in Ihrer Anerkennung und freigiebig mit Ihrem Lob!

Eifersucht

In unserer »Haben-Gesellschaft« ist es fast eine Selbstverständlichkeit, den Partner für sich allein zu beanspruchen. Wie sollte man auch eine Ausnahme machen, wenn das ganze übrige Leben bei den meisten Menschen auf Besitz und Anerkennung ausgerichtet ist? Die Zuwendung des Liebespartners zu einem anderen Menschen in Liebe wird als persönliche Herabsetzung und Kränkung empfunden.

Wenn sich jedoch das Besitzstreben auch in die Liebe einmischt, dann kommt es zwangsläufig zu Eifersucht, die uns das Leben und die Liebe schwer macht. Wer in der Liebe wirklich glücklich werden möchte, sollte zwei Dinge aus seinem Denken und Fühlen verabschieden: erstens die kindliche Angst, nicht genügend geliebt zu werden, denn jeder kann nur so viel Liebe empfangen, wie er gibt, und zweitens das Bedürfnis, den Partner wie einen Gegenstand besitzen zu wollen.

Eifersucht entsteht also ganz oft aus der Angst, den Partner zu verlieren. Das Heilmittel ist ganz einfach. Ein geistiges Gesetz lautet: Das, was zu uns gehört, bleibt bei uns – Menschen, Tiere, Gegenstände. Was nicht mehr zu uns gehört, verschwindet aus unserem Leben. Solange der Partner also zu mir gehört, wird er bleiben. In dieser Gewissheit kann ich vertrauen und die Angst und Eifersucht loslassen.

Hinter der Angst, nicht genügend geliebt zu werden, steckt ein mangelndes Selbstwertgefühl. Man fühlt sich nicht gut genug oder nicht wertvoll genug und benötigt darum immer die Bestätigung und Liebesbekundung des anderen, um sich sicher zu fühlen.

Hinter dem Wunsch, den anderen ganz für sich alleine haben zu wollen, steckt ebenfalls Eifersucht. Manche Menschen sind sogar auf das Hobby ihres Partners eifersüchtig, möchten am liebsten seine ganze Aufmerksamkeit und seine ganze freie Zeit für sich haben. Sie haben Angst, dass der Partner mit etwas anderem oder mit einer anderen Person glücklicher sein könnte als mit ihnen. Sie sind eifersüchtig, wenn sie an diesem Glück nicht teilhaben können, und gönnen es auch ihrem Partner nicht. Sie wollen den anderen möglichst komplett an sich binden und jeden Schritt überwachen. Das ist der Anfang vom Ende einer Liebe, denn Liebe kann sich nur in Freiheit entfalten. Ein Mensch, der auf eine absolute Weise in Besitz genommen wird, fühlt sich von dieser Art Liebe gefesselt, erdrückt, eingeengt und in der Entfaltung seiner Persönlichkeit behindert.

Wer Angst hat und besitzen will, klammert und kontrolliert, wird den Partner verlieren. Denn man kann einen anderen Menschen nicht besitzen. Liebe ist nicht das starke Verlangen nach dem anderen, nach Sexualität oder der Wunsch, dass der andere ständig bei mir sein möge.

Bedingungen – »wenn du mich wirklich liebst, dann ...« – haben ebenso wenig mit Liebe zu tun wie Forderungen, Zwänge, Erwartungen,

Änderungsversuche, Machtspiele, das Abverlangen von Versprechen, Drohungen und die Hoffnung, der andere müsse mich glücklich machen.

Immer wieder wird behauptet, an der Eifersucht könne man den Grad der Liebe des anderen erkennen. Je eifersüchtiger jemand sei, desto mehr liebe er seinen Partner. Das ist natürlich ein Trugschluss, denn Eifersucht zeigt nur, wie ängstlich, unsicher oder besitzorientiert der Eifersüchtige ist. Dadurch, dass er glaubt, einen Anspruch, ein Recht auf die Liebe des anderen zu haben, wird Liebe zur Verpflichtung, zur lästigen Pflicht und zu Zwang.

Ein Schritt als Heilmittel der Eifersucht ist, sich dem anderen vollkommen und bedingungslos zuzuwenden, ohne zu fragen, was man im Gegenzug dafür bekommt. Sich bedingungslos zu verschenken, ist wahre Liebe, alles andere ist ein Tauschgeschäft. Erhalten wir etwas, dann ist das ein zusätzliches Geschenk, über das wir uns freuen.

In dem Wort »bestehen« steckt das Wort » Ehe«. Soll eine Partnerschaft dauerhaft bestehen, ist es wichtig, das Geheimnis des gemeinsamen Glücks zu kennen:
- Bewundern Sie Ihren Partner und zeigen Sie Ihre Wertschätzung. Sagen Sie, was Sie an ihm liebenswert, großartig und einmalig finden. Seien Sie verschwenderisch mit ehrlich gemeinten Komplimenten – auch nach vielen gemeinsamen Jahren. Entdecken Sie Ihren Partner täglich neu und freuen Sie sich an ihm.
- Suchen Sie sich eine gemeinsame Aufgabe oder ein Projekt, das Sie beide begeistert. Das kann ein Unternehmen sein, ein ehrenamtliches Engagement, ein Hilfsprojekt, ein spiritueller Weg oder sportliche Herausforderungen.
- Haben Sie Verständnis für alles, auch ohne zu verstehen. Zeigen Sie Herz, Güte, Wohlwollen und Geduld.
- Verwandeln Sie Ihren Alltag in etwas Besonderes – jeden Tag. Denken Sie sich Überraschungen aus, die Ihre Beziehung lebendig gestalten und halten.
- Machen Sie sich jeden Tag bewusst, was Sie an Ihrem Partner schätzen.
- Empfinden Sie Dankbarkeit für Ihre Beziehung.

- Beginnen Sie den Tag, indem Sie Ihren Partner in Gedanken segnen und in Licht und Liebe hüllen.
- Schreiben Sie öfter eine Liebesbotschaft – auf Zettel, per E-Mail oder SMS.
- Wählen Sie eine Sportart, die Sie gemeinsam betreiben, oder lernen Sie eine neue Sprache oder ein anregendes Hobby.
- Pflegen Sie miteinander die »Kunst des Genießens«.
- Verabreden Sie sich regelmäßig zu einem gemeinsamen Paar-Abend, an dem Sie gemeinsam in ein Restaurant, in die Sauna, ins Kino oder Theater gehen.
- Fahren Sie öfter einmal ein paar Tage weg, zum Beispiel in ein schönes Wellnesshotel, zum Wandern oder in eine pulsierende Metropole.
- Liebe abseits von Eifersucht und anderen störenden Gefühlen ist ganz einfach die täglich wiederkehrende Freude am Vorhandensein des anderen. Liebe ist ganz einfach unser wahres Wesen.

Empfindlichkeit

Sie erleben, dass ein anderer Mensch sich kritisch über Sie äußert. Die häufigste Reaktion ist Empfindlichkeit. Wir sind dann verschnupft oder sauer. Machen Sie sich bewusst: Ob ein anderer Sie lobt oder kritisiert, es ist immer nur seine Meinung und die muss nicht richtig sein. Der andere macht Sie nur auf eine etwaige Schwachstelle aufmerksam. Nun liegt es an Ihnen zu prüfen, ob er recht hat oder nicht. Trifft die Kritik zu, können Sie sich oder die entsprechende Situation verändern. In diesem Fall können Sie dem anderen dankbar sein, dass er Ihnen eine Anregung für neue Wege, Aufgaben und Chancen gegeben hat.

Ist die Kritik aber unberechtigt, dann können sie diese getrost ignorieren, denn der andere liegt ganz einfach schief mit seiner Sichtweise. In Situationen, in denen Sie mit Kritik konfrontiert werden, haben Sie also immer die Wahl zu prüfen, wie die Sachlage ist, und ersparen sich damit in jedem Fall, empfindlich und sauer zu reagieren.

Lobt der andere mich aber, so freue ich mich, dass er eine so gute Meinung von mir hat, aber ich weiß natürlich, dass auch dadurch keine neue Wirklichkeit geschaffen wurde. Auch das Lob ist nur die Meinung eines anderen über mich, die ich gelassen hinnehme.

Ob also jemand Lob oder Kritik äußert, ist »gleichgültig« (gleichermaßen gültig). Ich verhalte mich gleich gelassen und prüfe nur objektiv, ob und welche Konsequenzen ich daraus ziehen will, ziehe diese und lasse die Situation wieder los.

Empfindlichkeit hängt oft mit einem falschen Selbstbild zusammen. Wenn Sie als Kind gelernt haben, Ihr Selbstbild und ihr Selbstwertgefühl aus dem Lob und der Anerkennung Ihrer Umgebung zu beziehen, dann erfahren Sie dadurch etwas über die Erwartungen und Wünsche der anderen, aber nichts über sich selbst. Sie erfahren, wie die anderen Sie gern hätten, aber nicht, wie Sie sind. Und so leben Sie in Wirklichkeit nicht Ihr Leben, sondern die Vorstellungen und Erwartungen der anderen. Kein Wunder, wenn Sie dann mit Ihrem Leben nicht zufrieden sind, darin keine Erfüllung finden – es ist ja nicht Ihr Leben. Sie tragen die Kleider der anderen Leute, kein Wunder, dass sie Ihnen nicht passen. Und wenn Sie sich dadurch nicht akzeptieren, dann können Sie natürlich auch andere nicht akzeptieren.

Das Ergebnis ist eine tiefe Selbstunsicherheit, die immer mit Empfindlichkeit einhergeht. Viele Menschen leiden darunter mehr als unter allem anderen. Um dieses Leid nicht ständig zu spüren, schaffen sie sich einen Abwehrpanzer, der kaum noch etwas an sie heranlässt. So spüren sie den Schmerz kaum noch, aber sie leben auch nicht wirklich. Sie ruhen nicht in ihrer Mitte, sondern in ihrer selbst geschaffenen Vorstellung von sich und dem Leben.

Ein Mensch, der seine Vorstellungen von der Wirklichkeit nicht von der Wirklichkeit unterscheiden kann, ist unrealistisch. Das gilt natürlich auch, wenn ich meine Vorstellung von mir mit mir SELBST verwechsle. Denn meine Vorstellung von mir hat nichts mit der Wirklichkeit zu tun, sondern mit Fantasie. Je mehr ich in der Vorstellung lebe, desto weniger erfahre ich über die Wirklichkeit und damit über mich SELBST. Um was es also geht, ist, in wahrer Erkenntnis und im wahren SELBST-Bewusstsein zu leben.

Erwartungen

Erwartungen sind Vorstellungen, wie ein anderer Mensch oder eine Situation zu sein hat. Wir leben glücklicher, wenn wir unsere Erwartungen loslassen aus der Erkenntnis, dass wir dann nicht mehr zu enttäuschen sind, denn vor jeder Enttäuschung steht immer eine Erwartung. Lassen wir unsere Erwartungen los, kann man uns nicht mehr enttäuschen, aber auch nicht mehr ärgern, beleidigen, verletzen, kränken usw. Sobald wir unsere Erwartungen losgelassen haben, sind wir endlich offen für das Leben – so, wie es wirklich ist.

Um was es geht, ist, jeden Menschen und jede Situation so anzunehmen, wie er oder sie JETZT gerade ist. Vorbehaltlos, bedingungslos, offen. Konrad Adenauer hat einmal gesagt:»Man muss die Menschen so nehmen, wie sie sind. Es hat keine anderen.« Wenn es uns gelingt, in dieser Haltung unser Leben zu führen, dann fallen ganz viele Spannungen und Druck weg. Dadurch wird Energie freigesetzt. Wir erleben die Leichtigkeit des Seins und können unser Leben und jede Situation genießen.

Wenn es Ihnen dann noch gelingt, in JEDEM Augenblick Zufriedenheit und Behaglichkeit zu erleben, erfahren Sie eine weitere Steigerung. Man kann Behaglichkeit in jeder Situation erleben, einfach indem man alle Erwartungen loslässt und Behaglichkeit geschehen lässt. Dies erfolgt in drei Stufen:
- beim Meditieren,
- bei einer angenehmen Tätigkeit,
- bei einer unangenehmen Tätigkeit.

Behaglichkeit zu erleben, kann man trainieren wie einen Muskel. Wir beginnen zunächst mit der Vorstellung und erleben in allen drei Stufen, wie wir uns behaglich fühlen – beim Meditieren, dann bei einer angenehmen Tätigkeit und schließlich auch bei einer unangenehmen Tätigkeit.

Dann folgt die Praxis. Gehen wir in solchen Situationen einmal ganz bewusst in das Wohlgefühl der Behaglichkeit und erleben, dass diese nicht von äußeren Umständen abhängig ist.

Erleben wir als erste Stufe vielleicht ein Gefühl der Ruhe, der inneren Stille. Wir lassen uns bewusst von Entspannung erfüllen, spüren die Entspannung und das Gelöstsein. Wir machen uns das Wohlgefühl bewusst, das zunächst unseren Körper erfüllt, aber auch unseren Geist und unsere Seele. Das führt zu klarem Bewusstsein und zu einer Heiterkeit der Seele.

Wir spüren die daraus resultierende Erholung, den Zuwachs an Kraft und Unternehmungsgeist. Wir machen uns bewusst, wie ein Gesundungsprozess immer stärker spürbar wird. Dies geschieht im Körper, im Gemüt und im Bewusstsein. Diese Gesundung führt zu einer inneren und äußeren Verjüngung, die ebenfalls Körper, Seele und Geist einschließt.

Anfangs mag das Erleben von Behaglichkeit damit beginnen, dass wir das Ganze nur denken. Das Denken führt zur Vorstellung und indem die Vorstellung immer lebendiger wird, wird sie zum Erleben. Das heißt fühlen, spüren, wie es wirkt, wie es geschieht, wie es alle Bereiche des Seins erfasst, wie der Geist die Materie beherrscht und bestimmt, was geschieht.

Folgende Merksätze können Ihnen in vielen Situationen hilfreich sein, weil Sie Menschen und Dinge so annehmen, wie sie sind – fern von Hoffnungen, Befürchtungen und Erwartungen.

Am besten, Sie schneiden diese Merksätze aus, kleben Sie auf Pappe und behalten Sie den ganzen Tag über in Sicht. Sorgen Sie dafür, dass Ihr Blick so oft wie irgend möglich ganz automatisch auf diese Karte mit den so wichtigen Merksätzen fällt. Je öfter Sie sich damit programmieren, desto besser:
  – Ich lasse innerlich los.
  – Ich klammere mich nicht mehr an meine Erwartungen, Hoffnungen und Wünsche.
  – Was mir zugedacht ist, will ich annehmen.
  – Ich nehme jeden Menschen und jede Situation so an, wie sie ist.
  – Ich lebe im Hier und Jetzt.
  – Der jetzige Augenblick ist es, der mein wahres Leben ausmacht.
  – Diesem Augenblick JETZT gebe ich mein frohes, mein bedingungsloses »Ja«.

Frust

Viele Menschen sind insbesondere im mittleren Alter frustriert. Die Krise der Lebensmitte ist aber nichts Schlimmes, sondern ein Selbstheilungsversuch der Seele, ein Drängen, wieder in das Erleben der Wirklichkeit – wer ich wirklich bin, ein SEBST, das ungetrennt ist von der Einen Kraft – zurückzukehren. Lebe ich von Anfang an in der Wirklichkeit, kommt es gar nicht erst zur Krise und zu Frust.

Um zu werden, der ICH BIN, muss ich also zunächst einmal erkennen, dass ich in einer Vorstellung lebe. Erst dann kann ich beginnen, die Wirklichkeit wahrzunehmen. Es ist durchaus möglich, dass ich da Unerfreuliches und auch Unerwartetes wahrnehme, aber erst indem ich mich damit konfrontiere, kann ich es ändern, kann ich mein Leben wieder frei gestalten. Und dann verabschiedet sich Frust ganz automatisch aus dem Leben.

Wir dürfen auch unsere Minderwertigkeitsgefühle loslassen aus der Erkenntnis, dass niemand minderwertig ist, da jeder ein Teil des EINEN Bewusstseins ist, ein Teil der Einen Kraft, die alles geschaffen hat und es ständig neu werden lässt. Niemand steht über mir, aber es steht auch niemand unter mir. Wir sind alle gleich, nur unterschiedlich erwacht.

Frustrierten Menschen rate ich, aktiv ihren Selbstheilungsprozess auf allen Ebenen ihres Seins anzugehen. Schauen Sie alles kritisch an und erkennen Sie, dass der Frust nicht von äußeren Umständen abhängt, sondern von der eigenen Sichtweise und vom Umgang mit Lebenssituationen.

Was ist in den folgenden Bereichen Ihres Lebens zu tun?

- Gesundheit
  Was können Sie tun, um eine unbefriedigende gesundheitliche Situation zu verändern? Wo sind gezieltes Abnehmen, mehr Bewegung oder Selbstverantwortung zur Steigerung des Wohlbefindens und der Leistungsfähigkeit gefragt? Was sind Sie bereit, JETZT anzugehen?

- Finanzielle Probleme
  Sie sind frustriert, weil Ihre Finanzen nicht stimmen? Wie gehen
  Sie mit Geld um? Warum meidet Sie Geld? Lieben Sie Geld? Wie
  sprechen Sie über Geld – verächtlich oder wertschätzend? Wie
  pünktlich begleichen Sie Rechnungen? Was geben Sie von sich
  persönlich an Einsatz, Engagement, Wissen, damit Geld zu Ihnen kommt? Erst kommt das Dienen, dann das Verdienen.

- Beruf
  Leben Sie Ihre Berufung? Oder machen Sie nur einen »Job«,
  um Geld zu verdienen? Würden Sie dieser Tätigkeit auch weiter
  nachgehen, wenn Sie eine Million im Lotto gewinnen würden?
  Ist die Antwort »Nein«, dann vergeuden Sie Ihr Leben mit einer
  Arbeit, die nicht Ihre Bestimmung ist. Frust ist die natürliche
  Konsequenz.

- Partnerprobleme
  Lieben Sie Ihren Partner? Lieben Sie sich selbst? Wie schaut Ihr
  Selbstbild aus? Finden Sie sich liebenswert? Zeigen Sie Ihre Liebe
  den anderen? Was tun Sie, um sich selbst und andere glücklich
  zu machen?

- Charakterschwächen
  Kennen Sie Ihre Stärken und Schwächen? Wie schaut es mit Ihrer Selbstdisziplin, mit Zuverlässigkeit, Freundlichkeit, Verant-
  wortungsgefühl aus? Wissen Sie, wie Sie Ihre Stärken optimal
  einsetzen?

- Spirituelle Ziellosigkeit
  Haben Sie sich bereits mit den folgenden elementaren Fragen
  befasst: Wer bin ich? Warum bin ich? Wozu bin ich hier? Warum
  in dieser Zeit? Warum unter diesen Umständen? Was ist meine
  Lebensaufgabe? Wie erkenne/erfülle ich sie?

- Gemüt
  Resultiert Ihr Frust aus der Unfähigkeit, mit Gefühlen und Ge-
  mütskrisen angemessen umzugehen? Wie gehen Sie mit Angst,
  Ärger, Stress, Schuldgefühlen, Neid, Ablehnung, Wut um? Wie

reagieren Sie, wenn Sie auf Menschen treffen, die diese Emotionen zeigen? Haben Sie sich im Griff und können mit Gleichmut und heiterer Gelassenheit reagieren?

Wir dürfen uns entwickeln bis zur Höchstentfaltung unseres Potenzials. Je weiter wir auf diesem Weg voranschreiten, umso weniger frustriert fühlen wir uns. Wie viele Menschen bringen wirklich ihr wahres Potenzial zur Entfaltung? Wie viele von uns nutzen wirklich die angeborenen Fähigkeiten? Vielleicht ist jetzt die Zeit, Gemüt und Bewusstsein zu klären, sodass die natürliche Fähigkeit der Seele strahlend zum Ausdruck kommen kann.

Es geht darum, die persönliche Bestimmung zu erfüllen. Wir sind nicht in diese Welt hineingeboren worden als ein Zufall der Natur, um unsere Jahre aufs Geratewohl und mit sinnlosen Handlungen auszufüllen. Manche Menschen handeln so, als wollten sie lediglich die Zeit totschlagen, während sie auf den Tod des physischen Körpers warten. Wer sein Leben so lebt, wird automatisch frustriert. Dies geschieht, weil die Seele weiß, dass dieses Leben verschwendet ist.

Es geht darum, zu erwachen und ein erfülltes Leben zu leben. Erfüllung kann ich nur finden, wenn ich meinen individuellen Lebensweg gefunden habe und ihn auch gehe, wenn ich meine Lebensaufgabe erkannt habe, annehme und erfülle. Dabei muss ich mich entscheiden, ob ich den sichersten, den schnellsten oder den angenehmsten Weg wähle. Jeden dieser Wege kann ich auf ganz verschiedene Arten gehen. Dabei gibt es kein Richtig oder Falsch, sondern nur ein Sowohl als Auch. Denn es ist mein persönlicher Weg, den nur ich beschreiten kann. Gehen Sie ihn JETZT.

Leid

Leid ist eine Emotion, die rasch zu einem Dauerzustand werden kann. Diese Stimmungslage in Moll schlägt sich nicht nur auf die Psyche nieder, sondern auch auf den Körper. Die Folge: Übersäuerung. Leid ist, ähnlich wie Schmerz, eine Botschaft an uns selbst, genau hinzuschauen und uns zu fragen, an was wir wirklich leiden. Erkennen wir die eigentliche Ursache, löst sich das Leid von selbst auf.

Was ist Leid? Leid ist ein Nichteinverstandensein mit dem, was ist. Wenn wir Situationen oder Menschen so annehmen, wie sie sind, dann sind wir einverstanden. Im Annehmen und im Lieben, was ist und wie es ist, liegt der Schlüssel.

Ein Beispiel ist, wenn wir leiden, weil ein geliebter Mensch gestorben ist. Machen wir uns bewusst, dass durch unser Leiden der Verstorbene auch nicht wieder lebendig wird. Wir können am Tod nichts ändern. Was wir ändern können, ist unsere Einstellung dazu. Wenden wir doch den Blick in Dankbarkeit auf die schöne gemeinsame Zeit und auf den nun kommenden Lebensabschnitt, der für uns nun neue Lernaufgaben und Erfahrungen bereithält.

Im Leid gibt es auch mehrere Arten von Heuchelei. In dem einen Fall geben wir vor, den Verlust eines uns teuren Menschen zu beweinen, und dabei beweinen wir in Wahrheit uns selbst. Wir vermissen die gute Meinung, die er von uns hatte. Wir beklagen die Verminderung unseres Wohlergehens, unserer Freuden, unseres Ansehens, unserer Bequemlichkeit. Ich bin der Meinung, dass dies eine Art Heuchelei ist, weil man bei solchem Leid sich selbst täuscht.

Es gibt eine andere Art der Heuchelei, die nicht so harmlos ist, weil sie alle Welt täuscht. Ich meine das Leid gewisser Menschen, die nach dem Ruhm eines schönen und ewigen Schmerzes trachten. Nachdem die Zeit, die alles überwindet, den Schmerz gestillt hat, den sie wirklich fühlten, verharren sie bei ihren Tränen, ihren Klagen und Seufzern. Sie hüllen sich in tiefe Trauer und mühen sich, durch all ihre Handlungen die Überzeugung zu erwecken, ihr Kummer fände erst mit ihrem Leben ein Ende.

Wir erleben täglich Verlust – von geliebten Personen, von Heimat, von großen Zielen und einmaligen Ideen, von Gesundheit und körperlicher Unversehrtheit, von Schönheit und Jugend, von Hoffnungen, von guten Freundschaften, von einem geliebten Tier und auch von materiellen Dingen. Lebensereignisse, die mit Verlustkummer zu tun haben, sind besonders intensiv an Gefühlsstärke. Sie sind die schmerzlichsten und stressvollsten in unserem Leben und führen immer zu körperlichen und seelischen Reaktionen.

Vor Verlust im Leben können wir uns nicht sichern. Da alles im Leben in Wandlung ist, alles im Fluss ist, sind wir gezwungen, mit Verlusten und Abschied zu leben. Wir müssen uns besonders heute in unserer hoch technisierten und schnelllebigen Welt ständig von vielem verabschieden und uns an veränderte Lebensumstände gewöhnen. Da wir für Verluste von Natur aus vorprogrammiert sind, hat uns die Evolution so ausgestattet, dass unser Organismus damit auch fertig werden kann.

Wir dürfen weiter erkennen, dass nicht nur Verlust, sondern auch bestimmte Gedanken und Vorstellungen Leid verursachen können. Mentale Krankmacher sind:
- die Unfähigkeit oder Unwilligkeit loszulassen,
- Selbsttäuschung,
- Egoismus,
- die Unfähigkeit oder Unwilligkeit, die Wirklichkeit zu sehen,
- die Vorstellung, dass es unbedingt erforderlich sei, von jedem Menschen in meiner Umgebung akzeptiert und geliebt zu werden,
- die Meinung, dass es eine Katastrophe sei, wenn sich die Dinge nicht so entwickeln, wie ich es gern hätte,
- der Glaube, dass die eigene Vergangenheit mein Leben weitgehend bestimmt und ich kaum noch etwas ändern kann,
- die Vorstellung, dass manche Menschen böse und schlecht seien und dafür bestraft werden müssten, womöglich durch mich,
- der Glaube, dass menschliches Unglück vom Zufall abhänge und man darauf ja keinen Einfluss habe – man habe eben Glück oder Pech,
- der Glaube, dass die Gedanken von selbst kämen und man darauf nun mal keinen Einfluss habe,
- die Vorstellung, dass man sich ständig Gedanken und Sorgen machen müsse, was alles passieren könne, und ständig damit rechnen müsse, dass es auch tatsächlich einträt,
- die Vorstellung, dass man unerwünschte Situationen wie Krankheit eben geduldig ertragen müsse, anstatt sie zu ändern,

– der Glaube, dass jeder Mensch früher oder später krank werde
und dass man daran nichts ändern könne.

Wenn wir diese oder ähnliche Gedanken in unser Bewusstsein nehmen, sie womöglich dort festhalten und häufig wiederholen, dann
wird unser Freund, der Körper, diese mentalen Fehlhaltungen bald
als Krankheit und Leid schmerzhaft zu Bewusstsein bringen. Wenn
uns gedankliche Vorstellungen aber krank machen können, dann können sie uns ebenso zuverlässig gesunden und Leid vermeiden lassen.
Ersetzen Sie daher solche und ähnliche negative Gedanken durch die
Erkenntnis, dass Ihre Körperzellen ein eigenes Bewusstsein haben, das
augenblicklich auf Ihre Gedanken reagiert.

Ihre gedanklichen Vorstellungen prägen sich ständig jeder einzelnen Zelle
Ihres Körpers ein, machen Sie gesund oder krank. Konzentrieren Sie Ihre
geistige Schöpferkraft daher auf positive und erwünschte Vorstellungen
von Gesundheit, Harmonie und Freude und schenken Sie Ihrem Körper
so Gesundheit und Vitalität. Machen Sie es sich zur ständigen Gewohnheit, eventuelle negative Gedanken oder unerwünschte Vorstellungen sofort durch positive zu ersetzen. Denn unser Bewusstsein bestimmt unsere
Gesundheit, wir aber bestimmen unser Bewusstsein durch unser Denken.

Mobbing

Das seelische Befinden der Menschen entscheidet, ob das Zusammen-
sein in Familien oder in Unternehmen als glücklich empfunden wird.
Das Sozialverhalten ist der Schlüssel. Herrscht eine schlechte Umgangskultur, ist die Wahrscheinlichkeit groß, dass es zu Mobbing kommt.
Mangelnde Zielklarheit, unklare Kommunikation, Klatsch und Tratsch
sind ebenfalls typisch für ein Umfeld, in dem Mobbing zu beobachten
ist. Die Umgangskultur in Firmen entscheidet über die Zufriedenheit
und den Gesundheitszustand der Mitarbeiter. Und diese Faktoren wiederum sind eng verknüpft mit der Produktivität und dem Erfolg.

Zum Mobbing-Opfer wird man nicht zufällig. Stark gefährdet sind
Menschen mit einem mangelnden Selbstwertgefühl, also Menschen

mit einem typischen Opferbewusstsein. Ihre Glaubenssätze wirken als Sender bzw. Magnet, der Mobbing-Täter anzieht. Typische Glaubenssätze von Opfern sind: »Ich bin nicht gut genug«, »Hoffentlich passiert mir kein Fehler«, »Mal sehen, was jetzt gleich wieder Schlimmes passiert«, »Keiner mag mich« etc.

Diese Glaubenssätze haben ganz oft in der Kindheit ihren Ursprung. Ein Mangel oder gar Fehlen von Lob, Anerkennung, Bestärkung und Wertschätzung führt zu einer Haltung des Selbstzweifels und geringer Eigenliebe. Dies ist in der energetischen Signatur, in der Ausstrahlung dieser Kinder gespeichert. Als Erwachsene strahlen sie nun weiter dieses mangelnde Selbstwertgefühl aus. An die Stelle der Eltern, die das Kind mit Geringschätzung behandelt haben, treten dann Kollegen, die dieses Spielchen fortsetzen. Die Skala der mangelnden Wertschätzung kann von Sticheleien, Respektlosigkeiten bis hin zu massiven Mobbing-Attacken reichen, die das Opfer bis zu Burn-out, Depressionen und in den Selbstmord treiben können.

Für Mobbing-Opfer ist es hilfreich, wenn sie ihre schwierige Situation ganz ruhig anschauen und sich folgende Schritte überlegen, um mit heiler Haut herauszukommen.

Definition der Mobbing-Situation:
  – Wodurch bin ich da hineingeraten? Welche Faktoren und Beteiligte gibt es?
Zielklarheit:
  – Wo will ich hin? Welche Art des Miteinanders möchte ich erleben?
  – Wodurch habe ich das bisher verhindert?
Den erwünschten Endzustand geistig in Besitz nehmen:
  – Wie kann ich den erwünschten Endzustand MIT EINEM SCHRITT erreichen?
  – Mit welchem Schritt?
  – Gibt es ein Hindernis? Wie kann ich es auflösen?
  – Warum habe ich das Mobbing-Problem bisher noch nicht lösen können?
  – Sollte ich etwas loslassen?
  – Warum habe ich das noch nicht getan?

- Was würde ich einem anderen in der Situation raten?
- Stimmt das auch für mich?
- Wie ist meine »energetische Signatur« (meine Ausstrahlung)?
- Strahle ich Opferbewusstsein aus? Wirke ich devot? Ängstlich? Provokant?
- Was kann ich tun, um meine »energetische Signatur« zu optimieren?
- Was könnte mich motivieren, die NOT-wendigen Schritte zu tun?
- Wie kann ich das erreichen?
- Ist es ratsam, professionelle Hilfe bei einem Therapeuten zu suchen?
- Was wäre ein erster Schritt, um meine Situation zu verbessern?
- Bin ich bereit, diesen Schritt JETZT zu tun? Wer oder was könnte mir dabei helfen?

Für Entspannung und Bewegung sorgen, um Frust und Spannung abzubauen.

Neid

Missgunst, Egoismus, Eitelkeit und Neid sind Störgefühle, die für geistige Innenweltverschmutzung sorgen. Darum ist es wichtig für die Gesundheit, wenn wir sie loslassen. Warum sollten wir auch einen anderen beneiden, wenn wir selbst auch alles erreichen können?

Auf was es ankommt, ist, den Neidfaktor zu entstören, ihn zu bereinigen und ihn am besten loszulassen. Eine heilsame Möglichkeit ist es, ganz bewusst die Haltung der Mitfreude zu entwickeln. Wenn unser Nachbar ein neues Auto kauft, dann teilen wir seine Freude und wünschen ihm so viel Reichtum, dass er sich gut und gerne einen Zweit- oder Drittwagen leisten kann. Gelingt es uns nicht, diese Freude für den Nachbarn zu empfinden, dann können wir uns wenigstens für das gelungene Design des Autos oder die moderne Technik begeistern.

Dasselbe üben wir, wenn unsere beste Freundin ein neues Kleid in einer sündhaft teuren Boutique gekauft hat, wir uns aber aufgrund unseres bescheidenen Budgets im Kaufhaus einkleiden müssen. Jedes Mal, wenn es uns gelingt, das Störgefühl Neid umzuwandeln in ehrliche Mitfreude, geschieht Heilung. Und zugleich passiert energetisch Transformation.

Neid hat eine trennende Auswirkung. Mit Neid drücke ich aus: »Ich habe nicht«, »Das erreiche ich nie«, »Immer nur die anderen haben Glück, ich aber komme zu kurz«. Wenn wir diese Gedanken der Trennung und des Mangels aussenden, dann schickt uns das Leben als Antwort weiteren Mangel und Armut.

Gehen wir dagegen in die Energie der Freude für den Besitz, das Vermögen oder auch die Fähigkeiten, die andere haben, dann verbinden wir uns damit. Durch diese Identifikation und Energie der Freude senden wir positive Schwingungen aus, die nach dem Gesetz der Resonanz auch uns an der Fülle teilhaben lassen.

Machen wir uns bewusst, dass im Universum grenzenlose Fülle da ist. Die Natur zeigt uns diese Gesetzmäßigkeit durch ihr überreiches Füllhorn, das sie Jahr für Jahr verströmt. Wenn Fülle und Reichtum unser Geburtsrecht sind, warum sollten wir dann auf irgendjemanden oder irgendetwas neidisch sein?

Jeder Mensch kann vermögend sein, wenn er etwas vermag. Dazu ist es hilfreich, die richtigen Schritte zum Erfolg kennenzulernen. Bevor ich Erfolg im Leben haben kann, muss ich meine Antwort auf die Frage gefunden haben: Was ist Erfolg? Bedeutet das für mich Geld, damit ich mir kostspielige Dinge leisten kann? Bedeutet das Macht, damit ich meinen Willen durchsetzen kann?

Oder bedeutet Erfolg für mich viel Besitz? Und wenn ja, warum will ich viel besitzen? Was verspreche ich mir davon? Oder will ich Anerkennung? Ist Erfolg für mich, geliebt zu werden? Wäre es nicht ein größerer Erfolg, zu lieben? Oder ist für mich Erfolg eine unerschütterliche Gesundheit und Kraft bis ins hohe Alter? Vielleicht ist Erfolg für mich Glück? Aber dann stellt sich die Frage, was Glück ist? Ist Erfolg, wenn ich das bekomme, was ich haben will, oder wenn ich nichts mehr brauche?

Vielleicht ist wahrer Erfolg Selbstverwirklichung? Aber dann stellt sich eine weitere Frage: Wer ist dieses Selbst, das ich verwirklichen will? Oder ist es vielleicht längst verwirklicht und ich brauche es nur zuzulassen, brauche nur zu sein, was ich bin und immer war und immer sein werde – ICH SELBST?

Bevor ich also Erfolg haben kann, muss ich mich entscheiden für meine Art von Erfolg. Nur wenn ich ein klares Ziel habe, kann ich es erreichen. Oder will ich alles? Oder von allem das Beste? Ich kann alles haben, aber ich muss auch bereit sein, den Preis dafür zu bezahlen.

Wenn wir uns all dies klargemacht haben und entsprechend danach leben, verabschiedet sich Neid aus unserem Leben.

Nervosität

Unser Nervenkostüm ist ein sehr sensibles Organ. Der Volksmund drückt das sehr präzise aus. Wir sprechen davon, dass uns jemand »auf die Nerven geht«, uns »den letzten Nerv raubt«, dass »die Nerven blank liegen«, ein Menschen »nervt« oder eine »Nervensäge« ist.

Die Nerven verbinden uns mit der Umwelt. Über diese Leitungen senden wir Signale aus und empfangen welche. Das vegetative Nervensystem wirkt als Vermittler zwischen uns und unserem Umfeld. Es arbeitet selbstständig und autonom, unabhängig von unserem Willen. Das Nervensystem steuert Organe und Bewegungen. Es verarbeitet Impulse, Reize und Sinneseindrücke, die auf uns einströmen.

Nervosität gibt einen deutlichen Hinweis, dass das, was auf uns aus der Außenwelt einströmt, oder dass die Art, wie wir in unserer Innenwelt (Sichtweise) damit umgehen, gestört ist. Es kann sein, dass die Außenreize nicht oder nur ungenügend verarbeitet werden oder dass wir durch die Vielzahl oder die Art der Eindrücke überlastet sind. Hilfreich ist es, auf Spurensuche zu gehen. Bei Nervosität schauen wir uns unser Umfeld genau an:

- Was oder wer macht uns nervös?
- In welchen typischen Situationen werden wir zum »Nervenbündel«?
- Was löst Ängste aus?
- Was belastet uns?
- Wo wird mir ein Mensch oder eine Situation zu viel?
- Wo gelingt mir eine Abgrenzung nicht oder nur ungenügend?
- Wie ist meine Konstitution – was überfordert mich?

Balsam bei Nervosität ist das Erlernen einer Entspannungstechnik wie Yoga, autogenes Training oder progressive Muskelrelaxation.

Die Änderung der Sichtweise und der Einstellung können hilfreich sein. Nervöse Menschen müssen lernen, »Nein« zu sagen und eine gute Selbstfürsorge zu entwickeln. Vermeiden Sie Hektik, Stress, Termindruck, Überforderung, überzogene Ansprüche und Erwartungen an sich selbst und von anderen.

Bei Nervosität ist Achtsamkeit wichtig, wo wir uns Menschen oder Situationen aussetzen, die uns mit Informationen, Emotionen oder Sinneseindrücken hoffnungslos überfordern. In diesem Fall kommt es darauf an, Grenzen aufzuzeigen oder auch schwierige Menschen und Situationen zu meiden bzw. zu lernen, ruhiger zu reagieren. Entwickeln Sie die Kunst der Gelassenheit. Gelassenheit kommt durch Loslassen.

Gelassen sein heißt, die anderen und sich selbst so lassen können, wie sie sind, und sich selbst annehmen, wie man ist. Häufig wird Gelassenheit mit Lässigkeit oder Nachlässigkeit verwechselt. In Wirklichkeit kommt Gelassenheit aus der Ausgeglichenheit von Seele und Geist. Gelassenheit ist etwas Herrliches und der reinste Ausdruck seelischer Gesundheit. Wer gelassen ist, hat eine hohe Stufe menschlichen Seins erreicht und ist seelisch unverwundbar geworden.

Gelassenheit stellt sich nicht von selbst ein, sondern ist ein Ausdruck geistig-seelischer Größe. Je mehr ich »ICH SELBST« bin, desto gelassener bin ich.

Probleme

Haben Sie Probleme? Wenn Sie diese Frage mit »Ja« beantworten, ist die Wahrscheinlich groß, dass Sie sauer sind. Menschen, die ständig oder auch viele Probleme haben, sind ziemlich sauer. Meistens sagen sie uns das auch ganz direkt: »Ich bin so sauer, dieses Problem macht mich noch ganz verrückt.« Wenn Probleme uns verrückt machen, zeigt dies nur, dass wir nicht in unserer Mitte, sondern eben ver-rückt sind. Ein Problem ist eine Frage der Betrachtungsweise. Es gibt keine Probleme, nur Herausforderungen, Ereignisse, Umstände, die eine Lösung bzw. angemessene Form des Umgangs damit erfordern. Insofern sind Probleme kein Grund, sauer zu reagieren, sondern Anlass zur Freude. Das Leben fordert mich liebevoll, aber deutlich auf, neue Wege zu gehen, Erkenntnisse zu gewinnen, in meine wahre Größe zu gehen.

Deshalb ist ein Problem eine der deutlichsten Botschaften des Lebens. Das Wort »Problem« sagt es auch deutlich – es heißt »Pro-blem« und nicht »Kontra-lem«. »Pro« heißt »für etwas sein«. Also ist ein Problem ein Geschenk für mich, das ich mit Offenheit und Freude annehmen kann. Das Problem ist eine Aufgabe, also eine Gabe des Lebens an mich, die mir dienen und helfen möchte, um wieder einen Entwicklungsschritt zu tun.

JEDES Problem bedeutet immer auch die Nichtakzeptanz einer Realität, eine Vorstellung, die nicht mit der Wirklichkeit übereinstimmt und einen Schritt erforderlich macht. So ist JEDES Problem die Folge einer geistigen Fehlhaltung und eine Aufforderung des Lebens, diese Fehlhaltung zu erkennen und zu beseitigen, und das Problem verschwindet. So ist ein großes Problem immer ein »Kompliment des Schicksals« an unsere Fähigkeit, einen großen Entwicklungsschritt zu tun.

Ein Problem muss also nicht gelöst, sondern die Sichtweise dazu geändert werden. Betrachten wir Probleme als Aufgaben.

Der erste Schritt zur Lösung ist die exakte Definition des Problems. JEDES Problem hat nur drei mögliche Ursachen:

- Widerstand gegen ...
- Sehnsucht nach ...
- Zorn über ...

JEDE exakte Problemdefinition enthält IMMER die optimale Lösung. Viele Probleme entstehen dadurch, dass wir heute das Gestern noch mit uns herumschleppen. Da ist keine Vergangenheit, die »aufgearbeitet« werden soll, und es gibt auch keine Zukunft, um die wir uns Sorgen machen sollten, da ist nur das Leben, das auf unsere Anweisung wartet.

Darum schauen wir uns eine »problematische Situation« genau an, um die darin verborgene Lösung zu erkennen:
- Zu was fordert das Problem uns auf?
- Welche Chancen eröffnen sich?
- Was dürfen wir in unserem Leben loslassen?
- Welche problematischen Menschen dürfen wir verabschieden?
- An welcher Stelle ist nicht mehr unser Platz?

Je genauer Sie Ihr Problem analysieren und definieren, umso rascher und klarer werden Sie die Lösung erkennen und umsetzen. Wenn wir so mit problematischen Situationen umgehen, kommen wir aus der Hilflosigkeit und der Opferrolle heraus. Die Belohnungen sind ein Gefühl der Erleichterung und mehr Lebensfreude. Das spiegelt sich auch in einer besseren Gesundheit wider.

Lassen Sie darum jeglichen unnötigen Ballast los und vor allem das Ego, das Probleme liebt und nur Schwierigkeiten macht. So entwickeln Sie eine ganz neue Einstellung zu Problemen und Schwierigkeiten. Sie erkennen das Problem als Botschaft, finden in aller Ruhe die beste Lösung, führen sie durch und sind bereit, die nächste Aufgabe zu lösen.

Wir können das Leben auch jederzeit um eine Botschaft bitten. Die Großeltern schlugen dazu vielleicht die Bibel auf, aber es geht mit JEDEM Buch. Machen Sie sich die Frage genau bewusst, schlagen Sie in diesem Bewusstsein ein Buch auf und Sie haben Ihre Botschaft oder die Antwort auf eine bestimmte Frage. Es sollte aber nicht das Telefonbuch sein, aber wer weiß, auch hier kann sich ein Hinweis verstecken –

eine Zahl oder ein Wort, denn die Sprache des Lebens ist vielfältig. Das Leben antwortet IMMER, BEI JEDEM und das SOFORT!

Reue

Es gibt keine größere Zeit- und Energieverschwendung als Reue. Sie können Ihr Leben ganz einfach ändern, indem Sie jedes Mal, wenn Sie »wenn nur …!« denken, diese Worte gleich umformen zu »das nächste Mal …«: »Das nächste Mal werde ich offen sprechen. Das nächste Mal werde ich meine Chance ergreifen.« Und machen Sie es sich selbst zur Gewohnheit zu tun, was zu tun ist, wenn das nächste Mal gekommen ist.

Letztlich lasse ich auch meinen Eigenwillen los aus der Erkenntnis, dass das Leben ohnehin das Beste für mich will. Lasse los, gefragt werden zu wollen, verstanden werden zu wollen, beachtet und geliebt werden zu wollen, recht haben zu wollen, sich durchsetzen zu wollen, es besser wissen zu wollen. Ich lasse los, mehr sein zu wollen als andere, ja sogar ein guter Mensch sein zu wollen. Lasse auch los, siegen zu wollen, glücklich sein zu wollen, lasse letztlich los, überhaupt zu wollen.

Schon sehr früh in der Kindheit verlernen wir, unseren Gefühlen zu vertrauen, sie spontan, echt und ehrlich auszudrücken. Wir lernen, wie wir es unseren Mitmenschen recht machen können, und verlieren den Kontakt zu uns selbst. Nur sehr selten hilft uns die Umwelt, uns selbst zu vertrauen und unserer inneren Wahrheit zu folgen und zu sein, wie wir sind – ohne Ängste, ohne Vorbehalte, ohne Reue.

So kommt es, dass wir unser intuitives Wissen unterdrücken und uns an »Tatsachen« orientieren, anstatt die Tatsachen mithilfe der Intuition zu verändern und zu gestalten. Der erste Schritt zurück zur Intuition ist, der inneren Wahrheit wieder zu vertrauen, zu erkennen, dass alles Wissen und alle Wahrheit dieser Welt in uns liegen und darauf warten, dass wir uns ihr wieder zuwenden.

Wir sollten wieder lernen, nach unseren intuitiven Eingebungen zu handeln, auch wenn das anfangs unserem Verstand riskant erscheint und er lieber »auf Nummer sicher« gehen möchte, obwohl er das gar nicht kann. Nur so gewinnen wir unsere Ganzheit, unsere innere Sicherheit und unsere wahre Kraft zurück, die wir als Kind verleugnet haben.

Seiner Intuition zu vertrauen, ist eine Kunst, die man durch ständiges Üben vervollkommnen sollte. Dazu muss man auch bereit sein, »Fehler« zu machen, und diese dann nicht bereuen, sondern als wertvolle Lernerfahrung erkennen und annehmen. Machen wir uns bewusst, unsere Intuition ist immer richtig. Was Zeit braucht, ist, sie richtig wahrzunehmen und zu verstehen. Manche Menschen haben bereits eine ausgeprägte Verbindung zu ihrer Intuition, leben sie aber nur in einem Bereich ihres Lebens. Viele Musiker, Schauspieler, Künstler sind nur so gut, weil sie ihrer Intuition folgen, aber im Alltag lassen sie zu, dass dann doch wieder der Verstand das Leben bestimmt.

Intuition ist »sehen mit den Augen der Seele«. Schon Albert Einstein sagte: »Was wirklich zählt, ist Intuition.« Sie ist unentbehrlich und doch behaupten manche Leute, es gäbe sie überhaupt nicht. Andere glauben zwar daran, werten aber ihre Leistung ab. Einige wenige aber halten nicht nur große Stücke auf sie, denn sie wüssten gar nicht, wie sie ohne Intuition auskommen sollten.

Wenn je ein Zeitalter dringend Intuition gebraucht hat, dann ist es das unsere. Wenn wir ganz aus unserer Intuition denken, reden und handeln würden, dann gäbe es niemals etwas zu bereuen. Dann wären wir automatisch immer verbunden mit der höchsten Weisheit und Wahrheit. Dann würde automatisch immer das Richtige erfolgen. Wir bräuchten keine Entscheidungen mehr fällen, wir würden sie richtig treffen. Damit wäre mehr zu erreichen als nur persönlicher Erfolg oder Glück.

Alle Fachleute sind sich einig, dass die derzeitige bzw. vor uns liegende Zeit voll Herausforderungen ist, die nicht mit dem Verstand zu berechnen und zu lösen sind. Wir müssen oft in Sekunden Entscheidungen aufgrund begrenzter Informationen treffen, wobei Fehler nicht nur wahrscheinlicher, sondern auch folgenreicher sind – wenn wir allein aus dem Verstand und nicht aus der Intuition entscheiden.

Wie können wir Intuition wahrnehmen? Wir sprechen von Sensibilität, Einfühlungsvermögen, Ahnen, unbewusster Wahrnehmung, Vorauswissen. Wir haben einen Einfall, eine Idee, eine Inspiration, ein »Zufall« geschieht. Es sind plötzliche Eingebungen, Bilder erscheinen vor unserem geistigen Auge oder wir spüren, dass etwas in der Luft liegt. Wir entwickeln einen guten Riecher oder spüren es in der Magengegend. Alle diese Ausdrücke verwenden wir, wenn wir einen Einfall aus einem höheren Informationsfeld erhalten. War es wirklich Intuition, stellt sich nach einiger Zeit oder auch sofort die absolute Richtigkeit der Information heraus, oft gegen die herrschende Meinung.

Leben wir ganz aus der Intuition heraus, sind wir immer im Fluss, dann geschieht immer das Richtige zur rechten Zeit und Reue ist ganz automatisch kein Thema mehr in unserem Leben.

Schmerzen

Ein übersäuerter Körper verstärkt jedes Problem und Leiden und führt zu Schmerzen. Ganz typisch sind Schmerzen in den Gelenken und in der Wirbelsäule. Eine übersäuerte Muskulatur nach zu großer Anstrengung, zum Beispiel beim Sport, zeigt sich als Muskelkater.

Schmerzen sind ein Alarmsignal des Körpers, dass in unserem Organismus etwas nicht stimmt. Darum sind Schmerzen auch kein lästiges Übel, das wir auf der Stelle bekämpfen müssen, sondern eine Botschaft an uns selbst, die wir verstehen und entsprechend befolgen dürfen. Diese Nachricht unseres Körpers zeigt, dass in unserem Denken oder Verhalten etwas nicht in Ordnung ist und einer Änderung bedarf.

Schmerzen können auf Dauer zermürben und den ohnehin belasteten Körper noch stärker übersäuern. Darum ist es wichtig, rasch ins Handeln zu kommen. Ergänzend zu einer gezielten körperlichen Entsäuerung ist es wichtig, den geistigen Weg zu wählen. Lernen Sie, die Sprache Ihres Körpers zu verstehen und seiner Aufforderung zu folgen. Tun wir dies, verschwindet der Schmerz so rasch, wie er gekommen ist. Der Körper löst den Schmerz auf, sobald die zugunde liegende Ursache erkannt und beseitigt wurde.

Bei Schmerzen aller Art steht an erster Stelle also immer der Erkenntnisprozess der Botschaft hinter dem Schmerz. Dies ist viel wichtiger, als den Schmerz durch ein Medikament zu unterdrücken. Solange die Ursache nicht erkannt und gelöst ist, wird der Körper immer neue Schmerzen zeigen.

Schmerzen sind ein Symptom, aber nicht die Krankheit selbst. Sie sind eine Information über die Krankheit. »Sprudeln« wir Schmerzen einfach mit einer Tablette weg, gleicht dies einem Autofahrer, der beim Aufleuchten der Ölkontrolllampe einfach das Birnchen herausdreht, anstatt Öl nachzufüllen. Sobald der Ölstand stimmt, erlischt die Ölkontrolllampe von selbst. Genauso funktioniert auch unser Körper. Erkennen und beseitigen wir die Ursache des Schmerzes, hört dieser automatisch auf.

Hilfreich sind dabei die sieben Schritte zur wahren Heilung:

- Schritt eins:
  Die Bereitschaft zur Konfrontation mit der Krankheit.

- Schritt zwei:
  Das Wissen, dass jede Krankheit und jeder Schmerz eine Botschaft ist.

- Schritt drei:
  Die individuelle Botschaft meiner Krankheit erkennen.

- Schritt vier:
  Die persönliche Botschaft meiner Krankheit annehmen und als für mich verbindlich anerkennen.

- Schritt fünf:
  Die Konsequenz aus dieser Botschaft erkennen und befolgen, also ein neues Verhalten und veränderte Gewohnheiten und Sichtweisen praktizieren.

– Schritt sechs:
Das Ego-Bewusstsein als Ursache aller Krankheiten erkennen
und dass das Ego (= die Illusion des Ichs) Trennung von der
Ganzheit, von meiner wahren Natur bedeutet.

– Schritt sieben:
Die Illusion des Ichs und der Trennung von der Ganzheit been-
den durch Selbst-Identifikation. Mich zu identifizieren mit dem
Ebenbild Gottes, als das ich geschaffen und von der Schöpfung
gemeint bin. Zu leben im Einklang mit mir SELBST und der
Schöpfung. Dann erfolgt wahre Heilung.

Schuldgefühle

Wir dürfen Schuldgefühle loslassen aus der Erkenntnis, dass keiner
durch die Schule des Lebens gehen kann, ohne Fehler zu machen.
Darum ist es das Dümmste, sich deshalb Schuldgefühle zu machen
oder einreden zu lassen. Das Klügste ist, aus seinen Fehlern zu lernen,
sie als Chance zu erkennen, das Verhalten entsprechend zu ändern,
sobald wir es als Fehler erkannt haben, und es in Zukunft besser zu
machen.

Wir befreien uns von Schuldgefühlen durch die Erkenntnis, dass es
in Wirklichkeit keine Schuld gibt, sondern nur mangelndes Verstehen
oder mangelndes Wollen. Wir lösen beides auf durch bewusstes Streben nach Erkenntnis und durch die Bereitschaft, sich entsprechend
der Erkenntnis zu verhalten. Schuldgefühle und unbewusste Komplexe verbrauchen viel Lebenskraft. Erst wenn sie ins Tagesbewusstsein
steigen, wirken sie unmittelbar in unser Leben. Werden sie mental
»umerlebt« und dadurch aufgelöst, wird die Energie frei.

Tritt ein Ereignis der Vergangenheit in Ihr Bewusstsein, bei dem Sie
sich damals nicht Ihrer heutigen Erkenntnis entsprechend verhalten
haben, so »erleben Sie es mental um«. Das bedeutet, dass Sie vor Ihren geistigen Augen die Szene noch einmal erleben, aber mit Ihrem
heutigen Bewusstsein, dem von Ihnen gewünschten Verhalten und ei-

nem entsprechend positiven Ausgang. Dieses mentale Umerleben ist praktische Psychohygiene, die umgehend Energie freisetzt. In Zukunft verhalten Sie sich auch entsprechend. Sie erkennen an, dass Sie damals noch nicht fähig oder willens waren, es besser zu machen, und sind dankbar, dass Sie es heute besser wissen und willens sind, es auch zu tun. Aus dieser Erkenntnis heraus verzeihen Sie sich und sind frei. So lösen Sie alle alten Spuren in Ihrem Gemüt auf, bis alles geklärt ist.

Sollte es sich jedoch nicht nur um Schuldgefühle, sondern um tatsächliche Schulden handeln, so sind diese ein ernst zu nehmendes Erfolgshindernis. Sie verhindern, dass Sie Achtung vor sich selbst haben und sich in sich selbst wohlfühlen. Schulden sollten daher bezahlt werden, ganz gleich, wann und wodurch sie entstanden sind. Hier ist Großzügigkeit sich selbst gegenüber nicht angebracht, denn schon in der Bibel heißt es: »Keiner kommt von dannen, ehe der letzte Heller bezahlt ist!« Es ist wirklich keine leichte Sache, aber man fühlt sich unsagbar wohl, wenn man es endlich hinter sich gebracht hat. Alles ist wieder frei, gelöst, einfach wunderbar.

Schuldgefühle aufzulösen ist auch wichtig, um schwere Erkrankungen zu vermeiden. Bei Schuldgefühlen »nehmen wir uns etwas zu Herzen« oder »zerbrechen uns den Kopf«, wie wir die Sache wiedergutmachen können. Das kann das Risiko eines Herzinfarktes erhöhen. Es ist darum sinnvoll, die Qualität der Beziehungen zu hinterfragen, sowohl der Partnerschaft als auch zu den Eltern, Freunden und Kollegen. Wo lasse ich meine Gefühle nicht zu? Welche Gefühle unterdrücke ich? Welche Beziehungen tun mir gut, welche nicht?

Welche Menschen versuchen, mir (immer wieder) Schuldgefühle zu verursachen? Es kann sein, dass Sie beim Befassen mit diesen Fragen Beklemmungen verspüren. Das ist ein hilfreicher Indikator dafür, was und wer nicht stimmig für Sie ist.

Wenn Sie eine solche Beklemmung spüren, atmen Sie in Ihr Herz. Atmen Sie die Energieblockade einfach »weg«. Sie können dabei auch den langen Atem praktizieren. Dazu legen Sie sich auf den Rücken und lassen den Atem ruhig und gleichmäßig fließen. Dann heben Sie beide Beine etwa 30 Zentimeter über den Boden und halten Sie dort. Den

Oberkörper heben Sie im gleichen Winkel und halten die Hände über die Knie. Bleiben Sie mindestens eine Minute so. Dabei lassen Sie den Atem ruhig weiterfließen. Das Zwerchfell bleibt ganz locker, obwohl der Bauch angespannt ist. Dies praktizieren Sie, bis Sie Erleichterung verspüren.

Selbstmitleid

Wir befreien uns von Selbstmitleid, indem wir den »Rucksack der Vergangenheit« absetzen. Die Vergangenheit können wir nicht ändern. Da hilft kein Selbstmitleid, aber die Zukunft gehört uns. In der Zukunft ist noch alles möglich, deshalb sollten wir niemals unsere Kraft durch Selbstmitleid vergeuden, schließlich haben wir unser Schicksal selbst verursacht und wir sind die Einzigen, die es ändern können. Wir brauchen unsere ganze Kraft für die bewusste Gestaltung unserer Zukunft.

Selbstmitleid ist auch überflüssig, da wir die beklagten Umstände jederzeit ändern können. Nur dadurch werden sie anders, während Selbstmitleid nichts ändert. Wir rauben uns nur die Kraft und vertun unsere Zeit und belasten die Gesundheit. Sobald wir auch nur eine Spur von Selbstmitleid bei uns entdecken, erfassen wir es und lösen es auf, bevor es uns erfassen kann.

Sich selbst bedauern schwächt, man wird wertlos für die Gesellschaft und sich selbst eine Last. Außerdem macht man sich unbeliebt mit seiner destruktiven Haltung. Das führt letztlich zu Depressionen, in denen man sich selbst immerzu bedauert, man erschöpft sich und letztlich auch seine Umgebung.

Ändern kann ich alles durch rechtes Denken. Denken ist Bewegung geistiger Energie. Ich gebe ihr eine Form und lasse sie so sichtbar werden. Alles, was ist, wurde erdacht, und dieses Gesetz wirkt im Kleinen wie im Großen. Die beste Therapie bei Selbstmitleid ist positiv zu denken. Das ist der erste Schritt, um positiv zu werden. Der Duden erklärt positiv als »bejahend, vorteilhaft, günstig, ein Ergebnis bringend, gut sicher, tatsächlich, wirksam«. »To be positive about something« heißt, seiner Sache ganz sicher zu sein und das positive Denken wirklich zu praktizieren. Die Kraft seiner Gedanken zu erkennen und diese Kraft einzusetzen, um seine Ziele sicher zu erreichen. Positiv denken heißt also, das Richtige zu denken und daran bewusst und beharrlich bis zum Erfolg festzuhalten.

Dazu gehört auch NEIN sagen lernen – gegenüber einer Autorität, einer unerwünschten Rolle, in die man uns versucht zu drängen, oder auch gegenüber den eigenen Wünschen, wenn sie uns von unserem Ziel abbringen.

NEIN sagen bedeutet in Wirklichkeit JA zur eigenen Identität zu sagen. So wird das NEIN auf der einen Ebene zum JA auf der anderen. Wenn wir erkannt haben, was wir eigentlich wollen, sollten wir auch den Mut haben, dafür ganz einzustehen. Den Mut, die Wahrheit zu erkennen und sie auch zu bekennen. Mut, etwas zu beginnen und notfalls auch zu verlieren. Den Mut, uns zu binden und auch zu trennen. Doch zum Mut sollte auch noch die Ausdauer kommen. Erst wenn wir uns nicht mehr beirren lassen und beharrlich dem Ziel zustreben, dabei mit beiden Beinen auf dem Boden bleiben, wird unser positives Denken die entsprechenden Früchte tragen.

Wir können uns dabei auch Lösungen »einfallen« lassen. Dies vollziehen wir in drei Schritten:

- Schritt eins:
  Ich mache mir die Tatsache bewusst, dass die Antwort auf meine Frage, die Lösung für meine Aufgabe bzw. die richtige Entscheidung bereits existiert und nur darauf wartet, dass ich bereit bin, sie in mein Bewusstsein treten zu lassen.

- Schritt zwei:
  Ich formuliere nun ganz präzise meine Frage und wiederhole mehrmals meinen Wunsch. Ich formuliere dabei so einfach wie möglich, aber unmissverständlich. Damit wähle ich durch die Macht der Intention aus den allumfassenden Möglichkeiten die Information aus, die ich derzeit brauche.

– Schritt drei:
Ich erfülle mein Bewusstsein mit dem Vertrauen und Glauben,
dass die Antwort mich sicher erreicht und ich sie auch wahrnehme. Ich kann mich mit der Vorstellung erfüllen, dass mich die
Antwort zu einer bestimmten Zeit erreicht oder wenn ich einen
Auslöser betätige, zum Beispiel ein Glas Wasser trinke. Ich weiß,
dass das Ergebnis als Bild, Stimme, Symbol, Impuls, »Zufall«
oder Gefühl in mein Bewusstsein treten kann.

Sie erreichen, was Sie wollen, wenn Sie ohne Selbstmitleid positiv, mutig und beharrlich ans Werk gehen.

Selbstzweifel

Selbstzweifel sind Zweifel an unserem Selbst. In dem Wort »Selbstzweifel« stecken auch die Wörter »zwei«, »Entzweiung«. Selbstzweifel
zeigen, dass wir uns aus der Einheit mit der Einen Kraft entfernt, also
entzweit haben. Aus der Illusion der Trennung von der Einen Kraft
entsteht Angst. Und Angst führt zu Zweifel.

Wenn Sie von Selbstzweifeln geplagt werden, dürfen Sie sich auch fragen, wie es mit Ihrem Selbstbild ausschaut. Stimmt Ihr Selbstbild? Die
Beschäftigung mit Ihrem Selbstbild ist von größter Wichtigkeit, denn
die Welt, die wir erleben, ist ein Spiegelbild unserer Überzeugungen.
Die Art und Weise, wie wir uns sehen und erleben, entscheidet darüber, was uns in unserem Leben begegnet. Haben Sie ein negatives
und falsches Selbstbild, dann ziehen Sie ganz automatisch nach dem
Gesetz der Resonanz die entsprechenden negativen und unstimmi-
gen Menschen, Situationen und Umstände in Ihr Leben. Das führt zu
Frust und macht richtig sauer.

Schauen Sie sich Ihre Überzeugungen und Ihre Sicht der Welt an. Das
geht ganz einfach, wenn Sie Ihre Lebensumstände genau betrachten.
Sie sind der Spiegel Ihrer unbewussten Glaubenssätze und Programm-
me. Analysieren Sie in aller Ruhe Ihre Situation:
– Warum bin ich mit diesem Partner zusammen?

- Welche Eigenschaften hat er?
- Wie erlebe ich unsere Beziehung?
- Wie ist meine Wohnsituation?
- Lebe ich in angenehmen Verhältnissen? Im Füllebewusstsein oder in bitterer Not?
- Wie ist meine berufliche Situation? Mein Chef, die Kollegen, das Arbeitsklima?
- Wie schaut meine gesundheitliche Situation aus?

Bei der Beschäftigung mit jedem Punkt analysieren wir, welche Glaubenssätze und welches Selbstbild jeweils dahinterstecken und wie wir diese Menschen und Umstände angezogen haben.

Als nächsten Schritt prüfen wir, welche Glaubenssätze und Überzeugungen not-wendig (= um die Not zu wenden) sind, damit neue Menschen und angenehmere Umstände in unser Leben treten können.

Stellen Sie sich vor, Sie sind ein Sender und senden ständig Energie einer bestimmten Schwingung aus. Mit dieser Schwingung ziehen Sie ganz bestimmte Ereignisse und Umstände in Ihr Leben. Und ebenso zuverlässig schließen Sie damit andere Ereignisse und Umstände aus, auch wenn Sie diese noch so sehr wünschen oder sie ganz dringend brauchen. Das, was Sie so verursachen, erleben Sie dann als Ihr Schicksal.

Und nun stellen Sie sich einmal vor, Sie könnten ALLES in einem Augenblick ändern. Sie könnten so ganz bewusst bestimmte erwünschte Ereignisse und Umstände in Ihr Leben ziehen. Das geschieht, indem Sie mit dem erwünschten Ereignis in »Einklang« kommen. Sie kommen mit etwas in Einklang, indem Sie es in Ihrer Vorstellung als bereits erfüllt erleben und mit jeder Zelle Ihres Körpers intensiv wahrnehmen können. Dazu spüren Sie große Freude und tiefe Dankbarkeit. Durch Identifikation mit dem erwünschten Endzustand nehmen Sie es geistig in Besitz. Sie machen sich so resonanzfähig, ja geradezu magnetisch für dieses Ereignis, und aus einer Möglichkeit der Zukunft wird eine Realität der Gegenwart. Damit rufen Sie dieses Ereignis in Erscheinung und das Leben muss es in der äußeren Realität manifestieren als Tatsache.

Sie können so JEDES Ereignis in Ihrem Leben »geschehen lassen« und der Erfolg wird unvermeidlich. Sie brauchen nur die Energie des erfüllten Wunsches zu schaffen und zu halten, bis sich der erwünschte Endzustand in der Realität tatsächlich manifestiert hat. Jesus sagte: »Wer sucht, soll nicht aufhören zu suchen, bis er findet; und wenn er findet, wird er erschüttert sein; und wenn er erschüttert worden ist, wird er sich wundern und wird über das All herrschen.« (Thomas-Evangelium, Log. 2)

So lassen wir zuerst die alten, begrenzenden Glaubenssätze los und ersetzen Sie durch die neuen hilfreichen Überzeugungen. Diese neuen Überzeugungen schaffen wir uns durch die Erkenntnis, dass wir in jedem Augenblick die Wahl haben, was wir glauben wollen. Wir können uns ganz bewusst entscheiden, wie wir über Gesundheit, Fülle, Liebe, Wohlstand, Erfolg, Alter etc. denken wollen. Entsprechend der Art und der Qualität unserer gewählten Überzeugungen ziehen wir dann die dazu stimmigen Ereignisse und Menschen in unser Leben. Auch in der Bibel wird auf diese Gesetzmäßigkeit hingewiesen: »Einem jeden geschieht nach seinem Glauben.«

Wenn wir so nach und nach alle unsere Überzeugungen auf den Prüfstand nehmen und Altes, Negatives und Hinderliches loslassen, dann ist das Leben nur noch Freude und es gibt keinen Grund mehr, sauer zu sein.

Stress

Stress ist ebenfalls etwas, das wir uns angewöhnt haben. Stress entsteht, wenn wir versuchen, in einer begrenzten Zeit mehr zu schaffen, als in der zur Verfügung stehenden Zeit zu schaffen ist. Obwohl wir wissen, dass es nicht funktioniert, begeben wir uns immer wieder in diese Falle und es kommt zu Enttäuschungen und Frust. Wir erleben Druck und fühlen uns als Opfer der Umstände und hoffnungslos überlastet.

Zu Stress im Beruf kann es also kommen, wenn ein Missverhältnis zwischen Sollen und Können auftritt. Dies führt zu einer ständigen Alarmbereitschaft des Körpers, ausgelöst durch die Hormone Adrenalin und Noradrenalin. Sie bewirken nervöse Unruhe, lassen den Blutdruck steigen und das Herz schneller schlagen. Dazu kommt der »heruntergeschluckte« Ärger: Aufgestaute Aggressionen können nicht abgebaut werden. Es kommt zu Verdauungsproblemen, schlechter Laune und gestörtem Schlaf. Dadurch gefährden Sie Ihre Gesundheit, Organschäden drohen.

Es gibt aber auch positiven Stress wie ein Lottogewinn oder eine heiße Liebesnacht, die entsprechende Reaktionen im Körper auslöst. Aber auch Unterforderung und Langeweile können Stress auslösen. Ob etwas als Stress empfunden wird, hängt mit dem auslösenden Reiz, unserer Sichtweise und der Reaktion darauf zusammen. Die typische Reaktion des Körpers auf Stress erfolgt in drei Stufen:

- Der Körper mobilisiert in einer Alarmreaktion die Energiereserven für Flucht oder Kampf.
- Hält der Stress an, wird die Widerstandskraft enorm verstärkt und weitere Energiereserven werden mobilisiert und notfalls die letzte Reserve verbraucht.
- Hält der Stress weiter an, verausgabt sich der Körper bis zur völligen Erschöpfung.

Stress zeigt sich mit typischen Symptomen. Auf Stress reagieren wir mit unserer ganzen Person und können folgende gesundheitliche Störungen erleiden:

- Haar
  Andauernder Stress verursacht Haarausfall.

- Gehirn
  Stress führt zu Ängsten, Depressionen und psychischen Erkrankungen.

- Mundhöhle
  Entzündungen, Bläschen und Geschwulstbildungen im Mund werden durch Stress provoziert.

- Lunge
  Stress kann einen Asthmaanfall auslösen. Bei Kindern kann er Auslösefaktor einer spastischen Bronchitis sein.

- Herz
  Herzjagen und Herzschmerzen gelten als die »Kinder« des Stresses. Auch Infarkte können ausgelöst werden.

- Verdauung
  Viele Magenschleimhaut- und geschwürige Dickdarm-Entzündungen werden ebenfalls durch Stress verursacht. Es kann auch zu (chronischen) Durchfällen kommen.

- Blase
  Die Blase vieler Frauen und Männer wird durch Stress irritiert. Es kann zur Reizblase kommen.

- Genitalorgane
  Kummer und Ärger lösen bei Frauen Menstruationsstörungen und bei Männern oft Impotenz aus.

- Muskeln
  Nervöse Zuckungen verstärken sich bei Stress, ebenso das Zittern bei der Parkinsonkrankheit.

- Haut
  Stress macht die Haut trocken und spröde.

Stress frisst Kommunikation – steht man unter Druck, leidet das Beziehungsgefüge in Partnerschaften, Familien und Unternehmen. Stress schädigt die Mensch-Mensch-Schnittstelle.

Als heilsames Gegenmittel empfiehlt sich in einer Situation, die wir als stressig empfinden, einen Moment innezuhalten. Wir machen uns bewusst, welche Aufgaben zu erfüllen sind, und legen eine Liste mit Prioritäten an. An die vorderste Stelle kommt das Wichtigste, gefolgt vom Zweitwichtigsten etc. Sobald Sie die Reihenfolge definiert haben, starten Sie mit der ersten Aufgabe. Sie tun dies ruhig und besonnen und geben Ihre ganze Aufmerksamkeit in das, was Sie gerade tun. An die anderen Aufgaben denken Sie in diesem Moment nicht. Sie ruhen vollkommen im Tun, in dem, was jetzt gerade an der Reihe ist. Das ist das Geheimnis der großen Meister. Sie ruhen in sich selbst in jedem

Augenblick: »Wenn ich gehe, gehe ich. Wenn ich esse, esse ich.« Durch dieses Fokussieren auf immer nur eine Aufgabe wird Energie freigesetzt, Ruhe und Gelassenheit stellen sich ein. Durch die Festlegung der Prioritäten stellen Sie sicher, dass die wichtigsten Arbeiten zuerst erledigt werden.

Ich rate Ihnen, täglich mit diesen Listen den Tag zu beginnen. Sie werden sehr bald erleben, wie erleichtert und befreit Sie sich fühlen und die Stimmung steigt. Sie merken, dass Sie sich selbst übertreffen und das Pensum doch schaffen. Und wenn nicht, dann geht die Welt nicht unter. Morgen ist auch noch ein Tag. Wenn Sie häufig nicht alles schaffen können oder dies meistens der Fall ist, dann haben Sie sich einfach zu viel vorgenommen und sollten Ihre Aufgaben überdenken und einiges loslassen. Fragen Sie sich bei der Fülle der (vermeintlich) wichtigen Aufgaben, welche davon wirklich lebenswichtig ist.

Ganz wichtig ist auch nach stressigen Situationen die körperliche Ausarbeitung, um die angestaute Energie auszuleben. Walken, Rad fahren oder eine andere körperliche Tätigkeit bauen Spannungen ab. Wohltuend ist aber auch meditative Entspannung. Die Form der Meditation ist nicht entscheidend, sondern das Ergebnis. Es geht darum, dass sich der Körper in der Entspannung wieder normalisiert.

Das kann auch erreicht werden durch gleichmäßiges, ruhiges Atmen über einen Zeitraum von mindestens zehn Minuten hinweg oder eine Zeit des Schweigens, bei der die Augen einen ruhigen Punkt finden sollten – eine Landschaft, ein beruhigendes Bild oder eine Kerze. Entspannende Musik, bei der Sie lauschen, ohne etwas anderes dabei zu tun, ist auch hilfreich. Sie lassen nur die Musik auf sich wirken, bis Sie spüren, dass Sie wieder bereit sind weiterzumachen. Natürlich kann man auch jede Stunde eine »Stilleminute« einlegen und so dem Aufkommen von Stress vorbeugen.

Hilfreich ist auch die Erkenntnis, dass Stress nur geschehen kann, wenn ich nicht ICH SELBST bin, wenn nicht ich Selbst handle, sondern wenn der Verstand zu viel gleichzeitig will und das Gemüt das nicht verkraften kann. Sobald ich in meiner Mitte ruhe und aus dem SEIN handle, ist Stress nicht möglich.

An diesem wahren SELBST-Bewusstsein erkenne ich, was zu tun ist, und tue das Richtige im richtigen Augenblick. Ich sollte einmal genau hinschauen, wie ich normalerweise lebe und arbeite, und erkennen, dass diese Art viel mehr Kraft kostet und viel weniger bewirkt. Tue ich die gleichen Dinge im wirklichen Selbstbewusstsein, erlebe ich, wie es fließt, fast von selbst geschieht. Dann erkenne ich, dass sich Entscheidungen gar nicht stellen, weil klar ist, was wann wie zu tun ist. Ich erkenne, dass Stress verschwindet und dass Erfolg »geschieht«, wenn ich ich SELBST bin.

Sucht

Eine Sucht ist eine Gewohnheit, die jederzeit verändert werden kann. Zunächst erkennen wir die Ursache und die Energie, die dahinterliegen. Eine Sucht ist eine Sehnsucht, die Suche nach unserem wahren Selbst selbst. Unser Leben ist eine einzige Suche. Die Lösung: Wir erkennen den Mangel und fügen das Fehlende hinzu und wandeln das Falsche um.

Sucht sucht im Außen etwas zu erreichen, was in Wahrheit im Inneren ist. Mit einer Sucht, die uns in Versuchung führt, füllen wir auch eine Leere in unserem Leben, in unseren Gefühlen auf. Zigaretten, Alkohol und Süßigkeiten werden dann zum Ersatz für die Liebe und die Sinnhaftigkeit, die uns in unserem Leben fehlen. Mit Zigaretten atmen wir gierig einen Ersatz ein für die mangelnde Fähigkeit, mit jedem Atemzug das Leben in vollen Zügen in Freude und Leichtigkeit genießen zu können.

Naschereien sind ein Ersatz für die »Süße des Lebens« und für die Fähigkeit, die Köstlichkeit jedes Augenblickes mit jeder Faser unseres Körpers wahrnehmen zu können.

Alkohol, »Sprit«, drückt unsere Suche nach spirituellen Erkenntnissen, nach Wahrheit, Weisheit und nach Verbindung mit unserem höheren Selbst aus.

Spielsucht steht für die fehlende Fröhlichkeit und Freude, das Spiel des Lebens als bewusster Spieler und Gestalter unserer Lebensumstände meistern zu können.

Und Computersucht ist ein Zeichen für unsere mangelnde Beziehungs- und Kommunikationsfähigkeit. Anstatt mit einem Lebewesen aus Fleisch und Blut Nähe zu suchen und Freundschaft aufzubauen und zu pflegen, sitzen die von Computersucht Betroffenen vor einem seelenlosen Gerät und pflegen per Internet (unverbindliche) Kontakte und E-Mail-Freundschaften.

Wenn wir uns für den Abschied von der Sucht und für bewusste Veränderung entscheiden, ist es hilfreich, Selbstdisziplin aufzubringen und eventuell auch fachkundige Hilfe von Experten in Anspruch zu nehmen. Weiter ist es sinnvoll, sein Gehirn zu »ent-switchen«. Bei den meisten Menschen befindet sich das Gehirn nicht mehr im »Ideal-Programm«, sondern ist durch unnatürliche Gewohnheiten geswitcht (fehlgeschaltet). Ein geswitchtes Gehirn ist ein süchtiges Gehirn. Es liebt das, was ihm schadet, und lehnt das ab, was ihm guttut.

Typische Süchte sind Computersucht, Handysucht, Geldsucht, Kaffeesucht, Zigarettensucht, Zuckersucht. In all diesen Fällen ist das Gehirn geswitcht. Nachfolgende Übungen sind ein hilfreiches Werkzeug dazu. Das Gehirn wird immer wieder versuchen, seine Fehlhaltungen beizubehalten und bei seinem gewohnten Programm zu bleiben. Dann sollte die Vernunft helfen, das NOT-wendige zu tun.

Mit den folgenden drei einfachen Übungen, können wir unser Gehirn wieder zuverlässig »entswitchen«, das unnatürliche Programm »löschen« und das natürliche Idealprogramm wieder installieren.

  – Erste Übung
    Bei dieser Übung kreuzen wir die Arme vor dem Gesicht, die Daumen kommen unter die Augenbraue, die Finger über die Augenbrauen, und dann werden sie leicht massiert. Die Unterarme sollten sich dabei nicht berühren. Massieren Sie für etwa 30 Sekunden die Augenbrauen von rechts nach links und umgekehrt mit sanftem Druck. Diese Übung hat eine sehr hohe Effek-

tivität und Sie werden sich danach SOFORT besser, leichter und stimmiger fühlen.

- Zweite Übung
  Bei der nächsten Übung werden wieder die Arme vor dem Gesicht gekreuzt und der Ohrrand rauf und runter massiert, denn auf dem Ohrrand liegen wichtige Akupunkturpunkte, die unmittelbar zum Gehirn führen, wie zum Beispiel der sogenannte Valium-Punkt. Dieser Punkt befindet sich oben am Ohrrand außen und wird zur Suchtauflösung eingesetzt. Die Daumen sind bei dieser Übung vor den Ohrmuscheln und die Finger befinden sich HINTER diesen. Auch hier massieren wir wieder etwa 30 Sekunden lang mit sanftem Druck.

- Dritte Übung
  Bei dieser Übung massieren wir diesmal das sogenannte Gouverneursgefäß und das Konzeptionsgefäß. Wir tun dies mit ganz sanftem Druck. Das Gouverneursgefäß endet in der Mitte der Oberlippe. Das Konzeptionsgefäß endet in der Mitte der Unterlippe. Sie sind beim geswitchten Gehirn nicht mehr in Kommunikation. Das heißt, der Energiekreislauf des Chi (Chi ist die Lebensenergie) ist gestört. Legen Sie den kleinen Finger einer Hand auf die Mitte der Oberlippe, den kleinen Finger der anderen Hand auf die Mitte der Unterlippe und massieren Sie sanft. Dann Handwechsel und wieder leicht massieren. Der kleine Finger wird deshalb verwendet, weil er den Herzmeridian und den Dünndarmmeridian beinhaltet.

Mit diesen drei Übungen wird das Gehirn richtig entswitcht – eine wichtige Voraussetzung zur mentalen und körperlichen Entsäuerung. In hartnäckigen Fällen, in denen das Gehirn an seiner geswitchten Haltung festhält, sollten diese Übungen mehrfach wiederholt werden. Das führt dazu, dass das Gehirn den natürlichen Zustand wieder kennenlernt und als seinen Normalzustand akzeptiert.

Zorn

Eine Situation hat kein Gefühl, bis ich ihr eines gebe. Erst dann bin ich glücklich, traurig oder zornig. Wer sich leicht erregt, zeigt seine Neigung zu Rechthaberei und Herrschsucht. Wird er im Zorn unsachlich, zeigt sich, dass er seiner Sache gar nicht sicher ist, und er versucht nur, seine Unsicherheit hinter seiner Heftigkeit zu verbergen.

Interessant ist auch, wie einer auf die Unarten anderer reagiert. Es zeigt den großen Geist, wenn er auf Unarten anderer gelassen reagieren kann, und es zeigt seine soziale Einstellung, wenn er sich sogar bemüht, dem anderen zu helfen, wieder in Harmonie zu kommen.

Es gibt kaum Menschen, die nicht zornig reagieren, aber es gibt sie dennoch und das beweist, dass man ein Leben fern von Ärger, Aggression und Zorn leben kann. Zorn ist immer ein Produkt unserer schlechten Gefühlskontrolle und hat viele Nachteile. Zorn belastet unsere Vitalität und Lebensfreude, außerdem werden Krankheiten geradezu herausgefordert.

Zorn ruft folgende Reaktionen ganz automatisch hervor:
- die Nervosität wird gesteigert,
- das Herz schlägt unregelmäßig, ein Herzinfarkt kann ausgelöst werden,
- der Blutdruck steigt,
- die Muskeln werden verspannt,
- die Verdauung wird beeinträchtigt,
- schlechter Schlaf und Müdigkeit sind die Folge,
- Kopfschmerzen und Migräne können ausgelöst werden,
- schlechte Laune ist die Folge eines Zornausbruchs,
- das Denken und Tun werden unbeherrscht,
- Magengeschwüre und Gallensteine können entstehen,
- das Immunsystem wird geschwächt,
- Zorn bewirkt einen vorzeitigen Alterungsprozess,
- zornige Menschen werden hässlich und haben einen unsympathischen Gesichtsausdruck,
- wir schwächen uns selbst durch die negative Schwingung unseres Bewusstseins,

- die Leistungsfähigkeit wird beeinträchtigt und die Fehlerquote
  steigt.

Was löst Zorn aus? Probleme, Umstände, andere Menschen, Dinge.
Wir ärgern uns und reagieren zornig über Schwierigkeiten. Was aber
sind Schwierigkeiten? Schwierigkeiten entstehen dadurch, dass die
Umstände nicht meinen Vorstellungen entsprechen. Sobald wir nichts
mehr erwarten, entfällt jeder Grund für Zorn. Schwierigkeiten machen uns auch aufmerksam auf unsere Unzulänglichkeiten. Beseitige
ich diese, verschwinden die Schwierigkeiten.

Zorn ist immer auch Aggression – gegen etwas sein. Damit entsteht
negative Energie, die Disharmonie erzeugt. Disharmonie aber ist die
Vorstufe von Krankheit. Der Preis von Zornesausbrüchen ist hoch: Sie
gehen auf Kosten unserer Gesundheit.

Der Anlass für Zorn ist weniger wichtig als die Art, wie wir auf bestimmte Umstände reagieren, wie wichtig wir sie nehmen und wie wir
damit fertig werden. Alles hängt von der Einstellung ab und nicht von
den äußeren Umständen.

Es gibt viele Arten, mit Zorn umzugehen. Manche beißen sich auf die
Lippen, laufen rot an, ballen vielleicht sogar die Fäuste, sagen aber
nichts und fressen ihren Zorn in sich hinein. Andere lassen ihrem
Zorn freien Lauf, werden verletzend und fragen nicht danach, ob sie
dem anderen Unrecht tun.

Wir sollten aber nicht ein Unrecht mit einem anderen beantworten,
zumal wir das vermeintliche Unrecht selbst verursacht haben, sonst
würde es sich nicht in unserem Leben zeigen. Wir sollten vor allem
nicht glauben, wir müssten zornig werden. Es schafft keine neue Wirklichkeit und ändert auch nichts an der Situation. Würden die Menschen öfter in sich gehen, dann wären sie nicht so oft außer sich.

Die nachfolgenden Übungen »Umgang mit Zorn« können Ihnen auf
Ihrem Selbsterkenntnisweg helfen.
- Beschreiben Sie typische Situationen, die in Ihnen Zorn auslö-
  sen.

- Was hat Sie im Einzelnen daran geärgert?
- Welche Empfindungen, Gefühle sind bei Ihnen ausgelöst worden?
- Wie sind Sie bisher damit umgegangen?
- Welche psychosomatischen Beschwerden sind durch Zorn bei Ihnen ausgelöst worden (Kopf- oder Magenschmerzen etc.)?
- Wenn Sie mit Ihrer bisherigen Handlungsweise nicht zufrieden sind bzw. wenn Sie mit psychovegetativen Beschwerden reagiert haben, erstellen Sie einen Änderungsplan. Was möchte ich ändern? Welche Änderungsideen habe ich konkret?
- Gehen Sie alle Änderungsideen einzeln durch und überprüfen Sie sie auf ihre Umsetzbarkeit in die Praxis. Falls andere Personen mit betroffen sind, überlegen Sie einen günstigen Zeitpunkt, an dem Sie das Problem ansprechen wollen. Wählen Sie möglichst einen Termin, an dem keiner der Gesprächspartner unter Zeitdruck steht. Klagen Sie nicht an, sondern drücken Sie Ihre Gefühle und Empfindungen in folgender Form aus:

Ich empfinde Zorn, weil ....

Ich berücksichtige die Reaktion meines Partners ...

Ich wünsche mir von meinem Partner, dass ...

Ich schlage vor, dass ...

Nun nehmen Sie sich die Zeit, über die Übungen nachzudenken, und überlegen Sie sich, ob Sie im Umgang mit Zorn etwas gelernt haben, das Ihnen bei der Überwindung dieses Störgefühls hilft:
- Hinschauen, wahrnehmen, annehmen.
- Was will mir mein Zorn sagen?
- Konsequenzen ziehen.

Mentale Entsäuerung – das emotionale Entschlackungsprogramm: Befreiung von negativen Mustern

Ein Weg in die gewünschte Freiheit ist das Erkennen und Auflösen von beengenden Mustern. Ist dieser Bewusstwerdungsprozess erfolgreich vollzogen und die Transformation der negativen Muster erfolgt, öffnen sich ganz neue Türen an Chancen und Möglichkeiten.

Blockaden

Blockaden entstehen, wenn Energie nicht frei fließen kann. Die wahre Ursache für blockierte Energie ist die Trennung von der Einen Kraft. Wenn wir angeschlossen sind an diese Eine Kraft, dann werden wir auf allen Ebenen ständig mit Energie versorgt. Ist die »Leitung blockiert«, können sich Blockaden auf mentaler oder körperlicher Ebene zeigen.

Blockaden äußern sich auf psychischer Ebene durch Hemmungen sowie bestimmte Verhaltens- und Denkmuster, auf körperlicher Ebene als Krankheit und Schmerzen. Der Dialog mit dem Körper ist eine sehr wirksame Methode, um unbewusste Botschaften des Körpers, Symptome oder Schmerzen zu verstehen. Außerdem erhöht das Sprechen mit dem Körper das Körperbewusstsein.

Beginnen Sie ein Zwiegespräch mit dem betroffenen Organ, dem Körperteil, dem Symptom, der Hemmung oder dem Schmerz. Sie können Ihren »Gesprächspartner« mit Worten ansprechen oder in der Sprache des Unterbewusstseins kommunizieren, dem Bild.

Stellen Sie sich einmal den betroffenen Körperteil bildhaft vor. Wie sieht das »innere Bild« aus? Sprechen Sie mit dem Bild. Fragen Sie:
- Was willst du mir sagen?
- Warum ist das so, wie es gerade ist?
- Wie kann ich dir helfen?

- Was ist zu tun?
- Wie sieht der Weg zur Heilung aus?
- Was sind die nächsten Schritte?

Genauso können Sie auch bei Hemmungen und bestimmten Verhaltensmustern fragen, warum diese da sind. Was wollen sie Ihnen sagen? Wovor wollen sie Sie schützen? Wozu fordern sie Sie auf?

Die Antwort kann als Idee, als innere Stimme oder in Form eines Traumes oder Tagtraumes kommen. Sie können auch Tagebuch führen, wobei Sie mit Ihrer nicht dominanten Hand (also bei Rechtshändern mit der linken Hand) aufschreiben, was Ihr Körper oder ein Körperteil Ihnen zu sagen hat.

Das ist eine der besten Übungen, die ich kenne, um einen guten Kontakt zum eigenen Körper zu entwickeln. Je mehr Sie ein Gespür dafür entwickeln, was Ihr Körper Ihnen sagen möchte, desto mehr werden Sie nicht nur Ihre körperlichen und mentalen Bedürfnisse erkennen, sondern auch die wahre Ursache Ihrer Symptome. Und so verabschieden Sie Blockaden aus Ihrem Leben. Das ist der erste Schritt zu dauerhafter, stabiler Gesundheit.

Sie können auch mit Ihrem wahren Selbst sprechen und sich informieren lassen, wie Sie Ihrem Körper helfen und in Zukunft Krankheit vermeiden können.

Bei Schmerzen können Sie sich einen Kontrollknopf vorstellen, ähnlich der Fernbedienung eines Fernsehgerätes. Stellen Sie mit diesem Regler den Schmerz »leise«.

Über das bewusste Erzeugen von Bildern lassen sich so bewusst Körperfunktionen steuern. Sie müssen nur das richtige Bild finden, das von Ihrem Unterbewusstsein verstanden wird. Das Bild kann natürlich auch ein Film des Vorganges oder erwünschten Ablaufes sein. Geben Sie Ihrem Unterbewusstsein so ein Bild des erwünschten Endzustandes und ändern Sie damit Ihre Realität.

Druck

Zur mentalen Entsäuerung gehört, dass wir Druck aus unserem Leben verabschieden. Denn Druck verursacht Stress. Dazu dürfen Sie die Stopp-Technik einsetzen. Wenn Sie Stress oder einer unangenehmen Situation ausgesetzt sind, sagen Sie so laut, wie es nur geht, »STOPP«. Und dazu denken Sie gleichzeitig an eines dieser typischen Stoppschilder, die an Straßenkreuzungen stehen. Versetzen Sie sich dann in Gedanken in eine Landschaft oder eine Situation, die Ruhe und Zufriedenheit weckt. Es ist sehr wichtig, dass das von Ihnen gewählte Bild viel für Sie bedeutet und dass Sie mit diesem Bild positive Emotionen verknüpfen können.

Am Anfang werden die Ergebnisse von kurzer Dauer sein und Sie werden die Technik sogar mehrmals am Tag anwenden müssen. Nach einigen Tagen Training erleben Sie aber, dass die Entspannungsergebnisse nachhaltiger sind.

Der Erfolg dieser Technik beruht in erster Linie auf der Wahl des entspannenden Bildes, das bei Ihnen ein starkes, angenehmes Gefühl erzeugt, und in zweiter Linie in der häufigen Anwendung der Technik. Die wiederholte Anwendung sollte sich auf einen Zeitraum von mindestens 21 Tagen erstrecken, damit eine neue Gewohnheit entstehen kann.

Einer meiner Patienten, ein erfolgreicher Geschäftsmann, begegnet dem Stress so, dass er in anstrengenden Situationen sofort »STOPP« sagt und vor seinen geistigen Augen das Stoppschild sieht. Dann sagt er sich, dass Geld und Karriere angenehme Faktoren sind, aber nicht das allein Entscheidende. Dann sieht er sich in Gedanken am Strand beim Joggen, mit nackten Füßen im Wasser, geblendet von den Sonnenstrahlen, die seine Haut streicheln. Der Geschäftsmann berichtet, dass diese Bilder einen sofortigen Rückgang der Spannung bewirken.

Zum Loslassen von Druck gehört, nie mehr zu »arbeiten«. Das bedeutet nicht, ab sofort nichts mehr zu tun, denn das wäre mehr als langweilig. Ein Tag mit 24 Stunden kann dann sehr lang sein. Wir brauchen eine sinnerfüllende Tätigkeit, um körperlich und mental gesund zu sein.

Wir benötigen eine Aufgabe, die mehr als »Arbeit« ist. Das, was wir »Arbeit« nennen, ist eine Tätigkeit, der man nur nachgeht, um Geld zu verdienen, aber nicht, weil sie Freude macht. Ob Sie eine Arbeit haben oder Ihre Berufung leben, erkennen Sie ganz einfach an der Antwort auf die Frage »Würde ich das, was ich tue auch weitermachen, wenn ich 1 Million Euro im Lotto gewinnen würde?«. Wenn Sie zu dem Schluss kommen, dass Sie als Millionär auf der Stelle die Kündigung schreiben würden, dann arbeiten Sie noch. In diesem Fall gilt es umzudenken. Müssen Sie lebenslänglich in einem Job oder an einer Stelle ausharren? Lebenslänglich ist ein hartes Urteil. Machen Sie sich bewusst, dass es Ihr Leben ist, das Sie auf diese Weise verschwenden.

Wer sagt denn, dass Sie nicht viel mehr Geld verdienen könnten, wenn Sie etwas tun, was Ihnen wirklich Freude macht? Gestatten Sie dem Leben, Sie dafür fürstlich zu bezahlen, dass Sie das tun, was Ihnen ohnehin am meisten Freude macht. Verhinderungsprogramme und Argumente wie »zu jung«, »zu alt«, »kein Geld« zählen nicht. Das Leben findet überraschende Wege, Ihnen Türen zu öffnen, damit Sie Ihre Berufung leben können.

Gehen Sie den Weg der Freude und verdienen Sie damit mehr Geld als je zuvor. Damit haben Sie »bezahlten Urlaub für immer«, leben ständig in der Freude und damit entfällt jeglicher Grund, sauer zu sein.

Gewohnheiten

Es gibt lästige Gewohnheiten, die Energie und Lebensfreude rauben. Dazu gehören Schlamperei, »Aufschieberitis«, Nörgelei, Klatsch und Tratsch, Trägheit etc. Lassen Sie sich angenehm überraschen, wie ein Leben ohne dieses negative Verhalten ausschaut.

Um Gewohnheiten auf die Schliche zu kommen, ist es hilfreich, sich selbst einmal aus einer gewissen Distanz zu beobachten und einen Tag, besser eine Woche lang aufzuschreiben, was Ihnen so auffällt. Und dann ziehen Sie Bilanz, welche Gewohnheiten hilfreich und förderlich und welche hinderlich oder gar schädlich sind.

Wir erkennen dadurch Gewohnheiten als solche und die Ursache und Energie dahinter, ebenso die darin verborgene Botschaft und Aufforderung. Wir nehmen dann wahr, ob uns diese Gewohnheit weiterbringt, noch zu uns gehört oder verbessert werden kann.

Wir prüfen, was ideal wäre und was machbar ist. Wir formulieren das Ziel und die neue Gewohnheit. Dabei fragen wir uns kritisch: Will ich das wirklich? Dann ändern wir unser altes Selbstbild und schaffen in Gedanken das neue Bild. Wir identifizieren noch vorhandene Blockaden und Hindernisse, setzen Prioritäten und legen Tagespläne und Etappenziele fest. Wir überprüfen kontinuierlich, ob auch alles optimal läuft, und übernehmen umgehend eventuelle Korrekturen und Feineinstellungen des Endziels.

Immer wieder sehen wir vor unserem geistigen Auge den erwünschten Endzustand und fühlen intensiv mit jeder Zelle unseres Körpers, wie es ist, mit der neuen Gewohnheit und dem neuen Selbstbild glücklich und erfüllt zu leben. Dieses mentale Umerleben setzt riesige Kräfte in Bewegung, die uns schließlich ans Ziel bringen. Dabei dürfen wir auch Hilfen von außen erkennen und annehmen.

Erfolgreiche und zielstrebige Menschen sind kreativ. Prüfen Sie doch einmal, welche und wie viele der folgenden Eigenschaften auch auf Sie zutreffen:
  – Ich bin wissbegierig und aufmerksam.
  – Ich bin aufgeschlossen gegenüber Alternativen.
  – Ich bin optimistisch gegenüber der Zukunft.
  – Ich bin im konstruktiven Sinn unzufrieden.
  – Ich bin unternehmungslustig und vielseitig interessiert.
  – Ich bin willens und fähig, an mir zu arbeiten.
  – Ich bin unabhängig und flexibel.

Leider leben viele Menschen ständig und aus Gewohnheit auf einer geistigen Abmagerungsdiät aus Fernsehen, Boulevardzeitungen, schockierenden Filmen und banaler Lektüre. Diese geistige Abfallnahrung führt zwangsläufig zu einer geistigen Unterernährung und zu einer schlechten seelischen Gesundheit. Das Rezept lautet: mentale Entsäuerung. Verbannen Sie den geistigen Unrat, die mediale Magerkost konsequent aus Ihrem Leben.

Beim Loslassen von Gewohnheiten machen wir uns einmal mehr die Macht der Wiederholung zunutze. Wenn Sie Ihr neues Reaktionsmuster mindestens 21 Mal wiederholen, nimmt Ihr Unterbewusstsein das neue erwünschte Verhalten als Gewohnheit an. Dabei genügt die Wiederholung auch rein in der Vorstellung, damit diese neue Reaktionsweise im Unterbewussten verankert wird.

Wenn dann eine typische Situation tatsächlich eintritt, die uns früher zum Beispiel zum Nörgeln oder Tratschen animiert hat, geschieht plötzlich eine ganz neue Reaktion. Wir begegnen der herausfordernden Situation mit Ruhe, Gelassenheit, Stärke und Freude. Wir erleben dies, weil wir eine neue hilfreiche Gewohnheit geschaffen haben.

Glaubensmuster, Konditionierungen, Überzeugungen

Glaubensmuster, Konditionierungen und Überzeugungen sind Programmierungen, die zumeist in der Kindheit ihren Ursprung haben bzw. auch im Erwachsenenalter kontinuierlich durch die Einflüsse der Gesellschaft, Kultur, Religion und Medien auf uns einströmen. Der größte Teil dieser Programmierungen sind uns nicht bewusst. Sie ruhen im Unbewussten und wirken von dort.

Mögliche Fehlprogramme sind:
- Ich habe keine ausreichende Bildung.
- Ich hatte keine Eltern.
- Dazu hatte ich nie genug Geld.
- Ich habe den falschen Partner.
- Die Zeiten sind zu schlecht.
- Bei der Wirtschaftslage hat das keinen Sinn.
- Ich sehe nicht gut genug aus.
- Ich komme aus den falschen Kreisen.
- Dazu bin ich nicht intelligent genug.
- Meine Gesundheit lässt das nicht zu.
- Ich habe den falschen Beruf.

- Ich halte das sowieso nicht durch.
- Frauen/Männer/Junge/Alte haben sowieso keine Chance.

Prüfen Sie sorgfältig, ob bei Ihnen ein solches Fehlprogramm aktiv ist, und schauen dann nach der Lösung. Wie gehen wir damit um? Es ist hilfreich zu wissen, dass es als Wichtigstes um die innere Haltung des Einverstandenseins geht, die Ihr ganzes Sein und Wesen mit einschließt. Die Erlösung einzelner negativer Bewusstseinsinhalte ist eine automatische Folge dieser inneren Haltung. Eine solche Haltung bedeutet jedoch nicht, dass wir versuchen, Bewusstseinsinhalte willentlich anzunehmen und zu akzeptieren. Sie meint vielmehr ein bedingungsloses Zulassen und Geschehenlassen all dessen, was an Eigenschaften und Wünschen, an Gefühlen und Empfindungen in uns lebt und gelebt werden will.

Auch ist es nicht nötig, all die Erlebnisse der Vergangenheit »aufzuarbeiten«. Diese Erlebnisse sind nicht Ursache, sondern Spiegel für unsere Ängste und Begrenzungen. Es ist jedoch immer genau dieser Augenblick, der unser Einverstandensein mit allem fordert, was jetzt in uns ist und gelebt werden möchte. Sobald wir vollkommen mit uns einverstanden sind, verliert die Vergangenheit ihre Relevanz. Verlieren wir die Haltung des Einverstandenseins im Jetzt, finden wir für unser Verhalten und unsere negativen Gefühle wieder tausend Gründe in der Vergangenheit. Die Vergangenheit ist vergangen und jene gegenwärtigen Gefühle, die damit korrespondieren, können wir alleine im Jetzt erlösen.

Ich lade Sie ein zu der Meditation »Sich selbst wahrnehmen«, um in Kontakt mit Ihren Gedanken, Gefühlen und dem Unbewussten zu kommen. Dadurch eröffnen sich neue Erkenntnisse und Einsichten. Sie können Ihren Partner bitten, die Meditation vorzulesen, oder Sie nehmen sie auf einen MP3-Player auf:

Ich beobachte meinen Atem und bin ganz still. Über die Stilleminute gehe ich in meine lichte Innenwelt. Dort sehe ich vor mir einen Spiegel. Ich schaue in den Spiegel und sehe mich an. Ich sehe meinen Körper. Wer aber ist das, der den Körper anschaut, der sagt: »Das ist mein Körper.« Der das sagt, der den Körper anschaut, das bin ich, also bin ich nicht der Körper. Ich bin der, der den Körper anschaut, der diesen Körper gebraucht, dem dieser Körper gehört.

Und ich beobachte jetzt meine Gedanken. Es sind meine Gedanken, aber ich bin nicht die Gedanken, ich bin nicht der Verstand, ich bin der, der denkt, der Gedanken hat, der den Verstand gebraucht. Ich bin der Denker, der er ist. Sobald ich aufhöre zu denken, ist Gedankenstille. So gestatte ich jetzt meinen Gedanken still zu sein. ICH BIN. Und ich erkenne, ich bestimme, ob ich denke und was ich denke und wann ich denke.

Und nun schaue ich auf meine Gefühle. Und wieder erkenne ich: Sie gehören zu mir, aber ich bin nicht meine Gefühle. Ich spüre meine Gefühle, erlebe sie bewusst, aber ich entscheide, welche Gefühle ich zulasse und welche ich verändern möchte. Ich kann meine Gefühle lenken, kann mein Gemüt klären. Ich bin der, der ist.

Nun mache ich mir mein Unterbewusstsein einmal bewusst und erkenne: Ich habe ein Unterbewusstsein. Sobald ich meine Aufmerksamkeit auf mein Unterbewusstsein richte, wird mir bewusst, dass da Prägungen, Verhaltensmuster, Eindrücke, Erfahrungen vorhanden sind, die mir nicht bewusst sind und die ich nicht bin. Ich bin der, der entscheidet, wieweit ich mich damit identifiziere, wieweit ich sie akzeptiere oder umwandle. Ich bin der, der dem Unterbewusstsein ein neues Programm eingeben kann und ein altes ändert oder löscht, aber ich bin weder das Programm noch das Unterbewusstsein, sondern der, der bestimmt, der ist. ICH BIN Bewusstsein.

Nun schaue ich einmal auf meine »Persönlichkeit« und erkenne: Das ist die Summe meiner Prägungen, Programme, Verhaltensmuster und die daraus entstandenen Eigenschaften. Aber ich bin nicht meine Persönlichkeit. Ich kann meine Eigenschaften verändern, kann neue annehmen und überholte löschen. Ich bin der, der entscheidet, ändert und löscht.

Ich schaue noch einmal auf meinen Körper und erkenne: Mein Körper kann krank werden, ich aber kann nicht krank werden, ICH BIN Bewusstsein. Habe ich eine Disharmonie im Bewusstsein, spiegelt mein

Körper das wider als Krankheit, lässt so eine unsichtbare Störung sichtbar werden. ICH aber BIN, werde weder krank noch alt noch kann ich sterben, ICH BIN Bewusstsein. Ich bin gesund, stark und vital – ICH BIN.

Hindernisse

Es gibt Lebensthemen, Verhaltensmuster und Charaktereigenschaften, die als Hindernisse wirken. Auch Unsicherheit kann als Hindernis wirken.

Lernen Sie sich selbst kennen und welche Themen als Hindernisse in Ihrem Leben (noch) Wirkung zeigen:
- Angst (konkrete und unbestimmte),
- mangelnde Menschenkenntnis,
- Misserfolge,
- Ungeduld,
- mangelnde Ausdauer,
- Disziplinlosigkeit,
- mangelnder Wille,
- fehlende Zielklarheit,
- schlechtes Aussehen,
- körperliche Behinderung oder Einschränkung,
- mangelndes Selbstwertgefühl,
- unklare Ausdrucksweise,
- mangelnde Liebe,
- mangelnde Ehrlichkeit,
- Angst vor Zurückweisung,
- fehlende Sozialkompetenz.

Als Inspiration möchte ich Ihnen die Geschichte von der Hummel mit auf den Weg geben. Diese Geschichte habe ich auf einem Blatt Papier ausgedruckt und jahrelang über meinem Schreibtisch immer vor Augen gehabt:

Ich kann nicht! Wer das sagt, setzt sich selbst Grenzen. Denken Sie an die Hummel. Die Hummel hat 0,7 Quadratzentimeter Flügelfläche und wiegt 1,2 Gramm. Nach allen Gesetzen der Aerodynamik und der Flächenbelastung kann bei diesem Verhältnis nicht geflogen werden. Die Hummel aber weiß das nicht, sie fliegt einfach! Auch wenn da ein kleiner Mistkäfer behauptet, dass etwas nicht geht – seien Sie einfach eine Hummel und fliegen Sie!

Wie heben wir ab? Der erste Schritt zu mir selbst ist, meiner eigenen Wirklichkeit treu zu sein. Im Ein-Klang mit mir SELBST zu leben. Zu diesem ersten Schritt zum SELBST gehört, dass ich mir nichts mehr vormache und nicht versuche, ein Ideal zu leben, das mir nicht entspricht. Einem Ideal nachzustreben, das mir nicht entspricht, verursacht Disharmonie.

In einem zweiten Schritt beobachte ich mich. Ich schaue mir zu, wenn ich zum Beispiel aggressiv oder ängstlich werde oder mich ärgere. Dann halte ich inne und frage: »Warum ärgert mich das?«

Ich erkenne: Ich bin gar nicht der, der sich ärgert oder ängstigt. Ich bin der Beobachter, ich bin der, der zuschaut, und kann erkennen, von wem ich diese Konditionierungen habe: Eltern, Schule, Partner, Chef, Kollegen usw.

Laufend prüfe ich beim Leben, ob ich das wirklich bin oder nicht, und lasse los, was ich als »nicht ich SELBST« erkenne. So erscheint immer mehr das, was ich wirklich bin.

Ich versuche nicht mehr »normal« zu sein, sondern der, der ich wirklich bin. Durch das, was ich nicht bin, erkenne ich, was ich wirklich bin.

Wie ein Bildhauer schlage ich weg, was nicht zur Wirklichkeit gehört. Letztlich bleibt reines Bewusstsein übrig – ich SELBST. Als dieses Bewusstsein kann ich alles in Erscheinung treten lassen, kann jede Rolle spielen, jede Eigenschaft annehmen und alles sein. Im reinen Bewusstsein kann ich die Antwort auf jede Frage in mir finden und hier bin ich ganz heil.

Sich seiner SELBST bewusst zu sein und zu leben als ICH BIN ist der wichtigste Schritt zur vollkommenen körperlichen und mentalen Gesundheit und zur Alterslosigkeit. Es ist die Wiedervereinigung mit sich SELBST, mit der Einen Kraft und damit das Ende der Selbst-Vergessenheit. Sobald wir als dieses vollkommene, gesunde, alterslose Bewusstsein unseren Körper bewohnen, beginnt er zu heilen und sich zu verjüngen.

Richten Sie Ihr Bewusstsein auf den »inneren Körper«, der ewig jung bleibt. Atmen Sie ganz bewusst als dieser ewig junge Körper, denken, fühlen, reden und handeln Sie als dieses ewige SEIN. Kommen Sie zur »Ein-Sicht«. Es ist das Vollziehen der »zweiten Pubertät«, in der Sie vom Erwachsenen zum »Erwachten« werden. Das Bewusstsein ist der Erlöser, auf den Sie vielleicht gewartet haben. Wenn Sie ihn verpassen, kommt keiner mehr.

Der Körper befreit sich in diesem erwachten Zustand ganz von selbst von mentaler Übersäuerung und sogar von »Alterskrankheiten«, wenn er kein Alter mehr hat.

Sobald wir die Krankheit und Leid verursachenden Gedanken und Überzeugungen erkennen und auflösen, verschwinden auch die entsprechenden Wirkungen und damit verabschieden sich Krankheit und Leid aus unserem Leben. Und wenn wir dabei bleiben – für immer! Es ist der Schritt zu unserer wahren Identität. Wie viel Zeit brauchen Sie, um zu SEIN, der Sie SIND?

Es geht also darum, als höchstes Bewusstsein diesen Körper in Besitz zu nehmen, sich mit ihm zu identifizieren und jede Zelle mit diesem Bewusstsein zu erfüllen, bis sich das starre Materiebewusstsein darin aufgelöst hat. Dabei müssen wir sehr sorgfältig und gründlich vorgehen, jeden Schlupfwinkel erstarrten Bewusstseins ausfindig machen und jede falsche Schwingung, die uns nicht mehr entspricht, umwandeln in unser erwachtes SEIN. Vor allem aber gilt es, die höchste Schwingung ständig aufrechtzuerhalten, bis das Werk vollendet ist. Da sind als Hindernisse die bereits genannten alten Schwingungen von insbesondere Angst, Wut, Ärger, Gier diejenigen, die seit undenklichen Zeiten aus dem kollektiven Bewusstsein weitergegeben wurden. Sie übersäuern uns, machen uns krank und lassen uns letztlich sterben. In dem Maße, wie wir diese alten Schwingungen aufgelöst haben, können wir uns mit natürlichen, harmonischen Schwingungen erfüllen und unser neues Leben genießen.

Verdrängungen

Um unseren Verdrängungen auf die Spur zu kommen, ist es wichtig, die eigene Biografie lesen zu lernen und darin den roten Faden zu erkennen. Wir dürfen wiederkehrende Krisen, Muster und Begegnungen oder auch Konflikte mit ähnlichen Menschentypen identifizieren. Sie geben Hinweise auf Verdrängungen, auf unseren »Schatten«. Wenn wir unsere Schatten kennen und erlösen, also ans Licht holen, verlieren sie ihre Bedrohung und müssen uns nicht mehr über Personen oder Situationen konfrontiert werden.

Interessant ist darum eine »Rück-Führung« in dieses Leben. Wir machen dies ganz einfach selbst, indem wir uns ganz entspannt hinsetzen und den Blick nach innen richten und spontan Bilder und Gefühle aufsteigen lassen. Was sehen wir, wenn wir die verschiedenen Situationen und bestimmenden Ereignisse unseres Lebens Revue passieren lassen? Wir schreiben die Eindrücke zu allen nachfolgenden Punkten auf.

Wir analysieren dieses Leben:
- Wie war unsere Zeugung?
- Wie verlief die Schwangerschaft?
- Wie war unsere Geburt?
- Das Verhältnis zu Vater und Mutter?
- Unsere Kindheit?
- Gibt es Behinderungen?
- Gibt es Male und Narben? An welchen Stellen? Wodurch verursacht?
- Gab es Unfälle, Bewusstlosigkeit, Narkosen, Hypnose?
- Krankheit, Schmerzen?

Wir erkennen Verhaltensmuster:
- Fehler,
- Probleme,

- Ängste,
- Sorgen,
- Schuldgefühle,
- Eindrücke,
- Verluste,
- Schicksalsschläge,
- Ungerechtigkeit,
- Aggressionen.

Wir schauen wichtige Ereignisse und Faktoren an:
- erste Liebe,
- alle Beziehungen,
- Bindungen,
- Selbstbild,
- Selbstwertgefühl,
- Rollen, die wir spielen,
- Ungeduld,
- Talente,
- Fähigkeiten,
- besondere Eigenschaften,
- Enttäuschungen,
- Lebensabsicht.

Nach Abschluss der Übungen gehen wir die Notizen, die wir zu den einzelnen Punkten gemacht haben, durch. Was bedeutet das Gesehene für mich? Welche Konsequenzen ergeben sich daraus? Welche Fehlentscheidungen oder welches Fehlverhalten sind erkennbar? Wir gehen so damit um, dass wir die jeweilige Situation mental umerleben und so nachträglich für einen guten Ausgang sorgen.

Was können wir in Zukunft besser oder anders machen? Was dürfen wir noch lernen?

Wenn wir etwas verdrängen, dann steigt es aus dem Unbewussten empor und meldet sich als Wunsch. Jeder Wunsch ist eine Botschaft und macht mich auf einen Mangel aufmerksam. Diese Botschaft zeigt mir, dass ich nicht da bin, wo ich sein sollte. Ich darf mich fragen:
- Was müsste ich tun, um so zu sein, wie ich eigentlich gemeint bin?

- Was müsste ich tun, um dort zu sein, wo ich sein sollte?
- Was ist zu tun, um mir wirklich näherzukommen?
- Auf welchen Mangel will mich DIESER Wunsch aufmerksam machen?
- Was muss ich tun, um den Mangel wirklich zu beseitigen?
- Würde die Erfüllung meines Wunsches wirklich den Mangel beseitigen?
- Welche Konsequenzen sind erforderlich, um diesen Mangel wirklich zu beseitigen?
- Was ändert sich dadurch in meinem Leben?
- Zu welchen Schritten fordert mich dieses Ziel eigentlich auf?
- Würde das Erreichen meines Zieles mich wirklich mir näherbringen?
- Wie sieht mein Leben dadurch ab sofort aus?
- Was ist zu tun, damit ich dadurch wirklich stimmiger, besser lebe?
- Was ist erforderlich, damit das Leben diese Lektion nicht zu wiederholen braucht?

Wir dürfen uns auch bewusst machen, dass Wünsche erfüllen und Ziele erreichen oft Jahre benötigt und oft auch viel Geld kostet. Ist dann aber endlich das Ziel erreicht, stellt man enttäuscht fest, dass man sich die Erfüllung viel schöner vorgestellt hat. Und manchmal stellt man fest, dass man das so eigentlich nicht wollte.

Da hat zum Beispiel ein junger Angestellter den Ehrgeiz, Direktor der Firma zu werden. Er bildet sich in Abendkursen weiter, macht Überstunden. Schließlich wird er befördert, nach einigen Jahren ist er Abteilungsleiter und eines Tages schließlich Direktor. Als Direktor hat er noch mehr Arbeit und noch mehr Verpflichtungen. Die Folge ist weniger Zeit für sich und seine Familie und schließlich kommt es zu gesundheitlichen Problemen.

Der Mann erkennt, dass er das alles so gar nicht wollte. Er wollte nur »wer sein«. Er erkennt, dass man nicht im Außen »wer« sein kann, sondern nur durch innere Entwicklung. Der Mann begreift, was er wirklich braucht: Selbstachtung, Selbstliebe, Selbst-Wertschätzung. Dies aber bekommt man nur über Selbsterkenntnis und durch wahres SELBST-Bewusstsein.

Verhärtungen

Machen Sie sich einmal bewusst, wo es in Ihrem Leben Verhärtungen gibt. Verhärtungen verhindern, dass wir weich und geschmeidig auf das reagieren, was das Leben uns jetzt gerade bietet. Auch hier liegt der Schlüssel wieder im Bewusstsein. Machen Sie sich einmal bewusst, in welchem Bewusstsein Sie gerade sind.

Dann wählen Sie das Bewusstsein, in dem Sie JETZT leben wollen. Behalten Sie dieses Bewusstsein bei, solange Sie wollen. Indem wir das Bewusstsein auf einen bestimmten Aspekt des Seins richten, setzen wir damit die höchste Kraft des Universums in Tätigkeit, ohne jedoch eigenwillig ein bestimmtes Ergebnis zu verursachen.

Diese Technik ist ein wesentlicher Bestandteil des Mentaltrainings und des geistigen Heilens. Sie eignet sich auch hervorragend, um Verhärtungen »aufzuweichen«. Diese Technik ist weder Denken noch Fühlen, es erfolgt weder eine Analyse noch ein Vergleich. Vielmehr ist dies ein besonderer Bewusstseinszustand. Es ist eine Art konzentrative Entspannung, sein Bewusstsein auf einen bestimmten Aspekt zu richten und es dort zu halten. Das kann als Akt des Willens beginnen, sobald jedoch Herz und Bewusstsein gleich gerichtet sind, hört jeder eigene Wille auf und wir stellen unseren Willen in den Dienst des Einen, der Einen Kraft.

Wir richten also unser Bewusstsein mit ungeteilter Aufmerksamkeit auf eine bestimmte Sache, öffnen unser Herz dieser Sache und nehmen sie in unser Herz, hüllen sie in unsere ganze Liebe und halten sie dort fest, so lange, bis eine Wirkung geschieht. Das Tagesbewusstsein, der Verstand und der Wille können sich dabei mit anderen Dingen befassen. Herz und Bewusstsein aber bleiben versunken in der Betrachtung dieser einen Sache.

Durch das gerichtete Bewusstsein tritt der innere Heiler in Verbindung mit der Wirklichkeit hinter dem Schein und beginnt die Dinge wieder so zu sehen, wie sie wirklich sind, während Herz und Bewusstsein im Gleichklang schwingen.

So können wir Probleme, Verhärtungen, Schmerzen und Situationen heilen. Der Weg ist immer ganz einfach: Wir gehen einfach hinein in das, was uns bewegt, in dem unerschütterlichen Glauben an die ideale Lösung jeglicher Situation in unserem Leben, denn die Schöpfung, die Eine Kraft, hat die absolute Macht. Und wir erhalten so viel Erfüllung, wie wir annehmen und glauben können. Die Anwendung dieser Technik ist nichts anderes als die Rückkehr zur Sicht der Dinge, wie sie wirklich sind, und selbst so zu sein, wie wir gemeint sind: ein Ausdruck dieser Einen Kraft. Wir richten die Kraft des Allerhöchsten auf unser Bedürfnis, auf dass wir die Fülle haben, wie verheißen.

Nachfolgend finden Sie Anregungen für die Wahl Ihres neuen Bewusstseins, auf das Sie Ihre Aufmerksamkeit mit der gerade beschriebenen Technik richten. Leben Sie im:
- Gesundheitsbewusstsein,
- Heilungsbewusstsein,
- Entspannungsbewusstsein,
- Gewinnerbewusstsein,
- Leichtigkeitsbewusstsein,
- Verjüngungsbewusstsein,
- Evolutionsbewusstsein,
- Kreativitätsbewusstsein,
- Erfinderbewusstsein,
- Erfolgsbewusstsein.

Ein weiteres hilfreiches Mittel zur Auflösung von Verhärtungen sind Affirmationen (positive Bekräftigungsformeln). Diese Formeln können wir immer wieder während des Tages in unser Bewusstsein nehmen und so den gewünschten Transformationsprozess begleiten. Sie helfen bei der mentalen Entsäuerung, indem Sie Lebendigkeit und Fülle in Ihr Leben einladen.

Nachfolgend einige Beispiele, die Sie nach Ihren Bedürfnissen individuell ergänzen und variieren können:
- Mein Verstand ist in der Unendlichen Intelligenz verwurzelt. Das ist gut für mich.
- Ich bin eins mit der schöpferischen Kraft, die weiß, was gut für mich ist.

- Ich bin eine ewig fließende Quelle der Lebendigkeit.
- Ich bin immer zur rechten Zeit am rechten Ort und so geschieht erfolgreich das Richtige.
- Die Menschen stehen mir jetzt hilfreich und kooperativ zur Seite.
- Meine Tage sind angefüllt mit mentalen und physischen Freuden.
- Großherzig gebe und empfange ich Liebe.
- Je mehr ich gewinne, desto besser fühle ich mich dabei, andere gewinnen zu lassen. Je besser ich mich dabei fühle, andere gewinnen zu lassen, desto mehr gewinne ich; deshalb gewinne ich immer.
- Ich leiste täglich wertvolle Beiträge zu meiner eigenen Lebendigkeit und der Lebendigkeit aller Menschen.
- Ich fühle mich heute den ganzen Tag heiter und wunderbar.
- Ich bin es wert, glücklich zu sein und in der Fülle zu leben.
- Fülle ist mein Geburtsrecht.
- Güte umgibt mich.
- Gute Dinge sind endlos und bereichern mich und mein Leben mehr und mehr.
- Es bereitet mir Freude, das Gute anzunehmen, und dadurch empfange ich immer mehr Gutes.
- Ich bin von einem tiefen Frieden erfüllt.
- Mein Körper verjüngt sich. Täglich bringt er mehr Gesundheit, Kraft und Lebensfreude zum Ausdruck.
- Alle Zellen, Gewebe und Organe meines Körpers verjüngen sich jetzt meinem Wunsch entsprechend.
- Ich habe ein Recht, genüsslich faul zu sein, solange es angenehm ist.

Was geschieht nun, wenn wir alte, negative Gewohnheiten und Verhärtungen aus unserem Leben verabschiedet haben? Sie sind eingeladen, die sieben Schritte vom positiven Denken zum positiven Leben zu vollziehen.

- Erster Schritt – positives Denken:
  Erkennen, alles ist gut, denn alles will mir nur dienen und helfen. Achtsam und beharrlich durch das Leben gehen. Voller Vertrauen und Humor gelassen tun, was zu tun ist. Dankbar die Wirklichkeit hinter dem Schein erkennen und geborgen in der Fülle des Seins leben.

- Zweiter Schritt – positives Fühlen:
  Offen und ausgeglichen die Menschen annehmen – so, wie sie
  nun einmal sind. Vertrauensvoll und zuversichtlich zu seinen
  Gefühlen stehen und sich wert fühlen, in der Fülle zu leben. Das
  Leben nur beobachten, nicht bewerten, und liebevoll das Richti-
  ge geschehen lassen.

- Dritter Schritt – positives Wollen:
  Lernen wollen und verstehen wollen. Entschuldigen und verzeihen und selbst das Richtige tun. Wollen, was man soll. Hören,
  was das Leben möchte, und den eigenen Willen loslassen und
  SEINEN Willen erfüllen wollen.

- Vierter Schritt – positives Reden:
  Sich klar ausdrücken lernen und die Wortinflation stoppen.
  Schluss mit unsinnigem Geplapper, Tratsch und Klatsch, Kri-
  tiksucht und Nörgelei. Keinen ungebetenen Rat geben und auch
  schweigen lernen. Ehrlich sein in Wort und Tat und Wortgeschenke machen. Mut machen, Trost spenden und Worte nur
  zum Helfen, Danken und Segnen gebrauchen.

- Fünfter Schritt – positives Handeln:
  Überlegt, feinfühlig und nachsichtig handeln. Liebevoll, konstruktiv und hilfreich sein. Zuverlässig, rücksichtsvoll und beharrlich bleiben und unabhängig von den Erwartungen der anderen.
  Verantwortungs- und selbstbewusst bleiben, bei allem, was ich
  tue. Lernen zu geben und zu nehmen und aus der »Inneren Füh-
  rung« im richtigen Augenblick das Richtige tun. Auch bewusst
  und mäßig das Richtige essen. Fröhlich und frei auch die Freiheit
  des anderen respektieren.

- Sechster Schritt – positives Bewusstsein:
  In der Erkenntnis der Wahrheit und Wirklichkeit harmonisch,
  selbstlos und geborgen sein. Regelmäßig in die Stille gehen und
  sich Zeit für Meditation und Gebet nehmen. Das ganze Sein auf
  das Höchste, auf die Eine Kraft, ausrichten. Geistesgegenwärtig
  und sinnvoll leben.

- Siebter Schritt – positives Leben:
  Die geistigen Gesetze beachten, sorglos und gelassen durch das
  Leben gehen in der Erkenntnis, dass alles »gleich-gültig« ist.
  Harmonische Beziehungen pflegen und sich auch an kleinen
  Dingen erfreuen. Gern leben, aber auch jederzeit bereit sein, zu
  gehen. Solange ich aber lebe, vernünftig, vorbildlich und gesund
  leben. Dankbar und bewusst jeden Augenblick erfüllen.

Zwänge

Ein wirksames Mittel zur Meisterung von Zwängen ist das Gewinnen
von Sicherheit und Selbstvertrauen. Wenn ich in meinem SELBST
ruhe und vertraue, dass ich jederzeit in jeder Situation das Richtige
tue, dann werde ich nicht mehr von Zwängen gesteuert, sondern folge
meiner Intuition, meiner inneren Stimme.

Sicherheit und Selbstvertrauen gewinnen Sie durch die »neun Schritte
der Erkenntnis«:

- Erste Erkenntnis:
  Jeder Mensch hat das Recht, so zu sein, wie er ist – AUCH ICH!

- Zweite Erkenntnis:
  Niemand kann lernen, ohne Fehler zu machen, wichtig ist nur,
  dass man sie nicht wiederholt.

- Dritte Erkenntnis:
  Ich mache meine Gedanken, Gefühle und mein Verhalten nicht
  abhängig von der Meinung anderer.

- Vierte Erkenntnis:
  Niemand kann es allen Menschen recht machen. Ich versuche, in
  jeder Situation das Richtige zu tun, unabhängig davon, ob andere damit einverstanden sind.

- Fünfte Erkenntnis:
  Ich habe jederzeit das Recht zu sagen: »Ich weiß nicht« oder »Das verstehe ich nicht« oder »Das möchte ich nicht«.

- Sechste Erkenntnis:
  Ich bestimme mein Schicksal, ich muss es tragen und nur ich kann es ändern.

- Siebte Erkenntnis:
  Meine Aufgabe ist es, meine Fähigkeiten zu erkennen, zu entwickeln und optimal einzusetzen sowie meine Leistungen ständig zu erhöhen und durchzuhalten bis zum Erfolg.

- Achte Erkenntnis:
  Ich erreiche Sicherheit und Selbstvertrauen durch regelmäßiges »mentales Vorauserleben« des erwünschten Endzustandes, den ich erreichen möchte.

- Neunte Erkenntnis:
  Ich kann nur ans Ziel kommen, wenn ich mich auf den Weg mache.

Dass Allheilmittel für Zwänge ist die Erkenntnis des ICH-BIN-Bewusstseins.

Um in Kontakt mit dem ICH-BIN-Bewusstseins zu kommen, ist nachfolgende Meditation sehr hilfreich. Sie hilft bei der Identifikation mit dem wahren SELBST:

Ich fühle einmal ganz bewusst, dass es mich gibt.
Fühle, dass ICH BIN.
Erlebe mich bewusst in meiner Mitte.

ICH BIN ewig.
Ich bin reine Existenz.
Ich bin vollkommen.
Ich bin ewiges, vollkommenes SEIN.
Ich war immer und werde immer sein, denn ICH BIN.

Ich fühle bewusst mein ewiges SEIN.
Erlebe bewusst die Vollkommenheit meines SEINS.

Ich fühle meine Existenz.
Fühle mein So-Sein.
Fühle mich in meiner Mitte – im Herzen.
Lebe bewusst aus dieser meiner Mitte.
Fühle in meiner Mitte, dass ICH BIN.

In meiner Mitte erlebe ich vollziehend, was geschieht.
In dieser Mitte und von dieser Mitte aus lebe ich.
In meiner Mitte BIN ICH.
Ich bin einmalig.

ICH BIN ewig.
Ich bin ewiges, vollkommenes SEIN.
ICH BIN und ich FÜHLE, dass ich bin.

III. SÄULE

Bewusstseinstraining: Von der Trennung zur Einheit – Faktoren, die die geistige Hygiene fördern

Wenn wir erkennen, dass wir unser Leben selbst in die Hand nehmen und mit Bewusstseinstraining in die richtige, die erwünschte Richtung lenken können, dann bedeutet dies Freiheit und Selbstbestimmung. Das ist das entscheidende Plus an Lebensqualität und damit halten wir den Generalschlüssel für mentale und körperliche Gesundheit in den Händen.

Gelassenheit und Balance

Sie wünschen sich ein Leben in heiterer Gelassenheit? Das geht ganz einfach, wenn Sie ab sofort aufhören, sich über Kleinigkeiten aufzuregen. Alles, was Sie nicht das Leben kostet, sind Kleinigkeiten. Erkennen Sie, dass das Leben ein Spiel ist, das uns zur Freude gespielt wird. Wir dürfen das Spiel und den Weg durch unser Leben in jedem Augenblick genießen.

Jeder Tag bietet neue Überraschungen und Abenteuer voll Faszination. Fangen Sie darum jetzt an, im Tao (fließend im Augenblick mit dem, was ist) zu leben, in einer ständigen heiteren Gelassenheit, ganz gleich, was gerade geschieht. Entscheidend ist ohnehin nicht, was gerade geschieht, sondern wie wir damit umgehen. Wir dürfen unsere Stimmung nicht von äußeren Umständen abhängig machen, sondern mit Gleichmut in unserer Mitte ruhen. Egal was geschieht, wir machen uns bewusst, dass alles eine Aufgabe ist und eine Chance für eine Erfahrung und eine Erkenntnis, die uns fordert und zugleich fördert.

Während wir unseren Weg gehen, sind wir zugleich Teil einer Gemeinschaft.

Wir gehen Verbindungen und Beziehungen ein, die uns beeinflussen und die wir beeinflussen. Wichtig ist, dass wir uns SELBST dabei nicht aus den Augen verlieren und authentisch sind. In jedem Augenblick dürfen wir uns fragen:»Stimmt das jetzt so für mich?« Wenn etwas für uns nicht stimmig und im Einklang mit unserem Selbst ist, dann haben wir die Möglichkeit, es jederzeit zu ändern, egal was der andere über uns denkt oder von uns erwartet.

Unser Sonnensystem kann als Beispiel für ein optimales Miteinander dienen. Die Planeten und die Sonne stehen miteinander in einem Wechselspiel der Kräfte, der Nähe und der Anziehung, und dabei ist doch jedes Gestirn eigenständig. Die Sonne strahlt die Planeten an und sorgt für Licht und Wärme. Erst dadurch wird Leben möglich. Auf was es dabei ankommt, ist der richtige Abstand.

Diese Metapher können wir auf das menschliche Miteinander übertragen. Jeder darf seinen eigenen Weg gehen mit der optimalen Nähe und Distanz zu den anderen, dann ist für alle Beteiligten Wohlergehen und ein glückliches Leben möglich.

In schwierigen Situationen kann es hilfreich sein, wenn wir uns daran erinnern, wie viele Herausforderungen wir bereits in der Vergangenheit erfolgreich gemeistert haben. In einem zweiten Schritt stellen wir uns dann vor, wie wir in der Zukunft mit einem zufriedenen Lächeln zurückblicken und uns freuen, dass wir auch diese Situation einmal mehr optimal gelöst haben.

Ein hervorragendes Beispiel für Gelassenheit ist das »Hunza-Geheimnis«. Die Hunza sind ein Volk in einem kleinen Königreich in einem abgeschiedenen Hochtal im Himalaya. Die Hunza leben in ständiger Harmonie und bleiben auch bei der Arbeit vollkommen entspannt. Je größer die Belastung, desto größer sind die Entspannung und Gelassenheit. Das Ergebnis ist ein ständiges Gleichgewicht der Kräfte und damit Harmonie. Es ist ein Leben in ständiger Meditation.

Meister Ekkehard sagt:»Im Gebet spreche ich zu Gott, in der Meditation spricht Gott zu mir.« Meditation ist Sammlung von Körper, Seele und Geist an einem Punkt, also Herstellung der Einheit in uns selbst, denn nur so ist die Einheit mit dem Schöpfer, mit der Einen Kraft und damit mit dem Leben zu erreichen.

Wenn wir Buddhas Gebot der Achtsamkeit befolgen, dann wird das ganze Leben zur Meditation. Buddha sagte: »Bemüht euch um Achtsamkeit; es ist der gerade Weg zur Erleuchtung.« Das heißt nichts anderes, als achtsam seinen Gedanken, seinem Körper, seinen Mitmenschen und allem Sein und Tun zu begegnen und alles, was wir tun, ganz zu tun.

Achtsamkeit ist Meditation und Meditation ist Achtsamkeit. Wenn Meditation so verstanden wird, dann wird sie auch nicht zu etwas Künstlichem, zu einer selbst auferlegten Pflicht. Ebenso wenig ist sie ein Geheimpfad, der nur Eingeweihten offensteht und dazu dient, besondere Erkenntnisse zu erlangen oder besondere Erlebnisse zu haben. Meditation ist Einswerdung mit der Harmonie der Schöpfung.

Dieses Einssein mit der Harmonie der Schöpfung schließt natürlich die Gesundheit mit ein, ohne dass dies besonders erwähnt werden müsste.

Meditation ist ein Sein. Je mehr hierbei getan und gemacht wird, desto weniger wird bewirkt. Meditation ist das Schweigen der Sinne, der Gedanken, des Gefühls und des Willens. Meditation ist bewusstes Erleben der Einheit.

Diese Belastungs-Entspannungs-Harmonie der Hunza ist höchste Meditation. Sie bewirkt, dass alles Tun in einem Bewusstsein der Ruhe und Stille geschieht. »Je mehr ich tue, desto größer die Ruhe.« Das könnte ab sofort auch Ihr Leitspruch sein. In einem solchen Bewusstsein ist Stress völlig unmöglich. Da das Bewusstsein ständig in Harmonie, also »heil« ist, überträgt es seine Harmonie, sein Heilsein ständig auf den Körper. Man kann sagen, es »geschieht« ständig Heilung im Körper. Eine Krankheit kann so gar nicht erst aufkommen, braucht also auch nicht geheilt zu werden, weil ja Heilung ständig geschieht.

Das lässt sich ohne Weiteres auf unsere westliche Lebensweise übertragen. Dazu sind drei Schritte erforderlich:

- Bewusst Heilung »geschehen lassen«.
- Ruhen im Tun. Jede Tätigkeit vertieft meine innere Ruhe. Je mehr ich tue, desto ruhiger werde ich.
- Stimmig in dieser Harmonie weilen, sich ausruhen im Tun und gelassen in jeder Situation bleiben und so ständig Heilung geschehen lassen.

In der Ruhe liegt die Kraft.

Leben in der Zeitlosigkeit

Was ist Zeit? Was ist Realität? Der Ursprung der Realität ist der Geist, der die Realität »denkt«. Was immer SIE denken, nichts geht verloren und ALLES kommt zu Ihnen als Ereignis, Situation oder Umstand zurück. Das Bewusstsein besitzt die Fähigkeit, etwas »in Erscheinung« zu rufen. Bewusstsein, das seine Selbst-Identifikation vergisst und sich mit seiner Schöpfung identifiziert, zum Beispiel mit seinem Körper oder Verstand die Fähigkeit verliert zu schöpfen. Auch die Überzeugung des Bewusstseins, sein Glaube, ist eine Schöpfung und damit eine Ursache.

Sobald wir uns mit der »Wirklichkeit hinter dem Schein« befassen, sollten wir uns darauf vorbereiten, in eine völlig unbekannte Welt einzutreten. Aber es ist eine Illusion zu glauben, dass die Illusion eine Illusion sei, sie ist eine »Inkarnation der Wirklichkeit«. Doch auch aus der Illusion entstehen Illusionen. So erwächst aus der Illusion des Selbst die Illusion eines »Ichs«.

Das, was wir als Realität wahrnehmen ist das, was geschaffen wurde. Wirklichkeit ist das, was erschafft. Die sogenannten Tatsachen werden immer unwichtiger, weil sie nur Durchgangsstationen zum Eigentlichen sind. Wissen hat auf diesem Weg nur einen begrenzten Wert, denn es befasst sich mit dem »Bereits« und weniger mit dem viel wichtigeren »NOCH NICHT«.

Vergangenheit und Zukunft sind nur Vorstellungen. Tatsächlich gibt es nur das JETZT, die zeitlose Gegenwart. Die individuelle Schöpfung beginnt mit der Wahl unserer Überzeugungen und endet mit dem wertfreien Erleben der eigenen Kreation. Wir erschaffen Möglichkeiten, indem wir uns in sie hinein »überzeugen«. Meine Realität ist ein Abbild der Summe meiner Überzeugungen. Überzeugungen schaffen Realität. Mein jetziger Standpunkt erschafft meine Realität von morgen und verstärkt meinen derzeitigen Standpunkt.

Jede Schöpfung kehrt so lange zu ihrem Schöpfer zurück, bis er bereit ist, sie durch Erleben aufzulösen. In dem Maße, wie wir nicht bewusst mit unseren Überzeugungen umgehen, entzieht sich die Realität unserer Kontrolle. Der Glaube ist die Variable, die eine Veränderung der Realität erst ermöglicht.

Das Paradoxon der Wirklichkeit ist dabei: Ich kann nicht werden, ohne zuvor zu sein. Ich kann nicht bekommen, ohne zuvor (in der geistigen Vorstellung) zu haben. Indem ich eine Möglichkeit der Zukunft durch Identifikation JETZT in Besitz nehme, wird daraus eine Realität der Gegenwart. Mit jedem Gedanken geben wir der allgegenwärtigen Energie, der EINEN Kraft, eine bestimmte Schwingung und verändern damit die Schöpfung.

Es gibt nichts außer Energie. Aus der Quantenphysik wissen wir, dass Energie sich als Welle oder als Teilchen zeigen kann. Ab einer bestimmten Schwingung manifestiert sich Energie als Materie und zeigt sich damit als Realität. Energien kann man wahrnehmen, bestimmen und lenken. Wenn ich so bleibe, wie ich bin, werde ich weiter das erleben, was ich erlebe, aber wenn ich mich ändere, WIRD sich mein Leben ändern.

Wir sollten auch die Nebenwirkungen einer bestimmten Energie beachten. Alle Energien sind im Energiefeld eines Menschen oder einer Sache gespeichert und können dort jederzeit abgerufen werden. BIN ICH im EIN-Klang mit mir SELBST, dann ziehe ich auch automatisch die Umstände an, die im EIN-Klang sind, und brauche nichts zu verändern, weil es stimmt.

Das größte Geschenk, das Sie anderen machen können, ist, Ihr eigenes, erfülltes Leben vorzuleben und der zu sein, der Sie in Wirklichkeit sind. Zu einem erfüllten Leben gehört ein Leben in der Zeitlosigkeit. Wir können in der Zeitlosigkeit sein, indem wir ganz bewusst das JETZT erleben. In diesem Zustand ruhen wir in dem, was gerade ist, sind achtsam, was der Augenblick an Chancen und Erfahrungen bietet, und genießen alles, was geschieht. Dies in dem Bewusstsein, dass uns alles nur dienen und helfen möchte. Im Zustand der Zeitlosigkeit entfallen Hoffnungen und Befürchtungen, Sorgen und Ängste. In der Zeitlosigkeit, im ewigen JETZT nehmen wir alles so an, wie es ist. Ohne Wertungen und Bewertungen. Denn im ewigen JETZT ist alles so, wie es ist.

Wir können ganz bewusst in die Zeitlosigkeit eintreten. So haben wir jederzeit die Möglichkeit, uns JETZT ganz neu zu er-finden und unser Leben, unsere Zukunft ganz nach unseren Wünschen zu gestalten. Damit entfällt jeder Grund sauer zu sein, denn wir können ja jederzeit jede Situation, die uns nicht gefällt, ändern. In die Zeitlosigkeit eintreten, geht ganz einfach. Indem wir unsere Aufmerksamkeit auf das JETZT, auf diesen Moment richten, treten wir durch die »Tür des Augenblicks« in die bewusste Erfahrung des JETZT.

Wir können JETZT eintreten in die bewusste Erfahrung unserer natürlichen Vollkommenheit, indem wir das, was wir gerade tun, einfach vollkommen tun. Und von einem Augenblick zum anderen erleben wir die natürliche Vollkommenheit unseres wahren Wesens.

Dieses JETZT ist nicht eine bestimmte Zeitspanne, hat keine Dauer, sondern ist ewige Gegenwart und damit Zeit-los. Sobald wir in diesen Zustand der Zeitlosigkeit eintreten, sind wir auch Alter-los. Wir haben kein Alter mehr, wir SIND und können so jederzeit »angekommen« leben.

Im Jetzt sein heißt, bewusst sein und wahrnehmen, was IST. Im JETZT erkennen wir auch die »Wirklichkeit hinter dem Schein«. Wir erleben uns selbst als reine Existenz, als ewiges, vollkommenes SEIN. Und JEDER Augenblick enthält eine ganz besondere Chance, die wir aber nur erkennen können, wenn wir bewusst im JETZT sind. Also achten wir auf die »Botschaft des JETZT«, auf die energetische oder emotionale Botschaft dieses Augenblicks. Und wenn wir sie erkannt haben, sollten wir ihr folgen, denn wir können dem JETZT vertrauen. Diese »Unmittelbarkeit des JETZT« ist der Raum, in dem Leben »geschieht«, denn nur JETZT können wir ALLES ändern.

Nun im JETZT erwacht das Bewusstsein zu sich selbst, erkennt sich selbst und tritt als Realität »in Erscheinung«. Das Denken verschwindet und wird umfassend durch Wahrnehmung dessen ersetzt, was IST, und mit dem Denken verschwindet auch das persönliche »Ich«, das es ohnehin nie gegeben hat, das aber meint, alles regeln zu müssen, ohne es zu können.

Nur im JETZT können wir die »Wirklichkeit unseres wahren SEINS« erkennen. Da ist kein »Ich«, keine Persönlichkeit, nur reines SEIN. Das unpersönliche, besser gesagt das überpersönliche Leben beginnt. Erst wenn wir so ankommen, erkennen wir, dass wir nie weg waren. Damit beginnt ein ganz neues Leben mit ganz neuen Ereignissen und Lebensumständen, frei von Karma, denn Bewusstsein hat kein Karma.

In diesem JETZT ist vollkommene Stille. »Stille« ist ein anderes Wort für »Wahrheit«. Einzutreten in die Stille des JETZT heißt, die Wahrheit zu erkennen. Das JETZT ist immer nur einen einzigen Schritt entfernt. Wir können jederzeit eintreten, die Tür ist offen, aber sie geht nach innen auf. Die Stille des JETZT erfüllt sich mit der Anwesenheit des SEINS. Wir müssen einfach hervortreten und »angekommen« leben, dann sind wir am Ziel. Die Selbstvergessenheit ist beendet und von da an leben wir STÄNDIG im ewigen JETZT!

Hilfreich auf diesem Weg ist, das Wunder des Augenblicks ständig zu erleben. Dabei machen wir uns bewusst, was gerade JETZT in diesem Augenblick geschieht. Scheinbar nichts Besonderes und doch ist es nicht nur etwas ganz Besonderes, es ist etwas absolut Einmaliges. Es ist ganz gleich, was es ist, wir haben keine Chance, diesen Augenblick zu wiederholen. Er ist für immer vorbei, nur noch eine Erinnerung. Und so ist es mit JEDEM Augenblick: Er ist unwiederholbar, einmalig. Dabei enthält JEDER Augenblick eine einmalige Chance, die NUR dieser Augenblick bietet, und wenn wir sie nicht nutzen, weil wir sie vielleicht gar nicht erkennen, ist sie unwiederbringlich vorbei.

Aber das Wunder wiederholt sich, ein neuer Augenblick beginnt, mit ganz neuen Möglichkeiten, und er geht auch vorbei, es sei denn, wir ergreifen die Chance, die uns dieser Augenblick bietet, und erfüllen den Augenblick. Das ganze Leben besteht aus solchen einmaligen Augenblicken. Ein erfülltes Leben besteht aus einer unendlichen Reihe erfüllter Augenblicke. Wir brauchen uns keine Gedanken machen, wie man ein erfülltes Leben lebt. Wir brauchen nur diesen Augenblick JETZT zu erfüllen. Es geht immer nur um diesen Augenblick.

Sollten wir wirklich einmal einen Augenblick verpasst haben, beginnt sofort ein neuer mit ganz neuen Möglichkeiten und mit unserer Macht, ALLES zu ändern. Wir können in jedem Augenblick unseren Wunschtraum erfüllen, wenn wir einen haben. Und wenn wir noch keinen haben, dann können wir in diesem Augenblick anfangen, ihn zu träumen, denn alles beginnt mit einem Traum. Unsere Träume und Wünsche sind Vorboten dessen, was alles möglich ist, sonst würden sie uns nicht in den Sinn kommen.

Lernen wir also wieder zu träumen, in dem Bewusstsein, dass wir Schöpfer sind und dass alles, wirklich ALLES möglich ist.

Solange wir leben, können wir jederzeit alles ändern, aber unsere Macht liegt immer nur in diesem Augenblick, im JETZT. Das ist das »Wunder des Augenblicks«. Wenn das kein Wunder ist, dann gibt es keine. Aber es gibt sie, genau in diesem Augenblick – jetzt!

Beachten wir also die Botschaft des JETZT. Was ist die energetische oder emotionale Botschaft DIESES Augenblicks? Haben wir das Vertrauen, ihr zu folgen? Wenn ja, dann bin ich von einem Augenblick zum anderen im »Fluss des Lebens«. Wenn wir scheinbar einen Verlust erleben und anfangen, sauer zu werden, dann dürfen wir gewiss sein, dass uns das Leben ein noch größeres Geschenk bietet. Nehmen wir es dankbar an!

Intuition ist die »Stimme Gottes« in uns. Folgen wir ihr! Vielleicht fragen Sie sich jetzt in diesem Augenblick: »Und wo bleibt da der freie Wille?« Nun, es ist IHRE Entscheidung, dem zu folgen oder auch nicht. Das »Ich« hat nur insofern einen freien Willen, als es wählt, ob es in der Mitte, am linken oder am rechten Rand des Weges geht, denn das SELBST ist das, was bestimmt.

Im Jetzt die Wunder

des Lebens empfangen und genießen!

Leben im Einklang

Es gibt Zeiten des Lebens und des Überlebens, der Behaglichkeit und der Belastung. Zu einem Leben im Einklang gehört, dass wir uns immer wieder ausrichten auf das Stimmigsein.

Die Harmonisierung unserer »energetischen Signatur« ist ein wichtiger Schritt zur mentalen Entsäuerung. Jeder Mensch ist ein Energiefeld mit einer ganz individuellen Schwingung. Das ist die persönliche energetische Signatur. Diese ist eine Dauerinformation, die wir aussenden. Nach dem Gesetz der Resonanz ziehen wir so Menschen und Umstände in unser Leben, die dieser energetischen Signatur entsprechen. Auch die Zufälle, die sich ereignen, gehören dazu: Es fällt uns das zu, das unserem So-Sein entspricht.

Es können nur die Menschen und Ereignisse auf uns zukommen, die unserer Schwingung entsprechen. Alles, was nicht zu uns gehört, bleibt fern. Durch unsere energetische Signatur stehen wir ständig mit unserer Umgebung in Kontakt. Sie wirkt zugleich als Dauersender und Magnet.

Unsere energetische Signatur entscheidet darüber, ob wir auf andere Menschen sympathisch oder unsympathisch wirken. Ob wir Glück oder Unglück, Gesundheit oder Leid, Wohlstand oder Armut in unser Leben rufen.

Die Schwingung wirkt ganzheitlich auf Körper, Geist und Seele – auf andere, aber auch auf uns selbst. Eine harmonische Schwingung wirkt sich auf den ganzen Körper aus und lässt ihn harmonisch schwingen. Das zeigt sich als Wohlbefinden und Gesundheit, unter anderem durch einen ausgeglichenen Säure-Basen-Haushalt.

Die energetische Signatur ist nichts Willkürliches oder von Geburt an fest Definiertes, sie lässt sich vielmehr in jedem Augenblick unseres Lebens verändern. Die persönliche Schwingung können wir bewusst »programmieren« durch die Wahl unserer Gedanken, unserer Worte und unseres Verhaltens.

Positives Denken, wohlwollende Worte und aufrichtiges, authentisches Verhalten, das von Wertschätzung uns selbst und anderen gegenüber getragen ist, wirken auf Körper, Geist und Seele. Körperlich werden Säuren aufgelöst und die Selbstheilungskräfte angeregt. Auf geistiger Ebene setzt mentale Entsäuerung ein. Unsere energetische Signatur schwingt ganz automatisch harmonisch, wenn wir im Einklang mit uns selbst, mit unserer Umwelt und der Einen Kraft sind.

Wenn wir das Zaubermittel der bewussten Harmonisierung unserer energetischen Signatur einsetzen, verwandelt sich unser Leben in eine wunderbare Richtung. Unsere Ausstrahlung, unser Charisma nehmen zu, andere Menschen finden uns anziehend und sympathisch, wir bekommen Chancen und Geschenke, erreichen mehr in kürzerer Zeit. Dies geschieht alles aufgrund unserer positiven angenehmen Schwingung, in der sich jeder wohlfühlt.

Wie es um unsere energetische Signatur bestellt ist, erkennen wir also ganz einfach am Verhalten der Menschen, denen wir begegnen und mit denen wir am meisten zusammen sind. Unser Partner, die Kinder, Eltern, Freunde und Arbeitskollegen spiegeln uns unsere Ausstrahlung am besten wider. Wir dürfen ihre Reaktionen auf uns entweder als Bestätigung oder als Aufforderung zur Korrektur nehmen.

Die Arbeit an der energetischen Signatur ist keine Eintagsfliege, sondern ein lebenslanger Weg. Einige positive Gedanken nützen wenig, das Ziel ist vielmehr in immerwährender Harmonie, im Stimmigsein zu ruhen. Dazu nutzen wir die Macht unseres Unterbewusstseins und wandeln dort alle Muster und Programme um und ersetzen sie durch die gewünschten positiven Gedanken und Glaubenssätze. Durch gezielte Gedankenhygiene schaffen und erhalten wir dauerhaft die harmonische Balance.

Ein weiterer unverzichtbarer Schritt ist es, sympathisch zu sein. Das ist leichter, als wir denken. Am einfachsten geht das, wenn wir uns zur Gewohnheit machen, bei jedem Menschen, der uns begegnet, etwas Sympathisches zu entdecken und die Aufmerksamkeit darauf gerichtet zu halten. Dies kann die geschmackvolle Kleidung, die Frisur, das Lächeln oder die angenehme Stimme sein. Ist der andere Mensch aber ein Widerling, dann bewundern wir die Konsequenz seiner unsympathischen Erscheinung und denken: »Das gibt es also auch.«

In dem Augenblick, in dem wir unsere Aufmerksamkeit auf das richten, was wir am anderen sympathisch finden, entsteht eine energetische Brücke der Sympathie. Diese Verbindung bemerkt der andere selten bewusst, aber unbewusst reagiert er darauf und findet uns sympathisch. Denn wir finden Menschen ganz automatisch sympathisch, die uns sympathisch finden.

In dem Moment, in dem wir unsere Aufmerksamkeit auf Sympathie ausrichten, verändert sich unsere energetische Signatur. Sie kommt in Balance und harmonisiert damit automatisch unseren Organismus in Richtung Gesundheit. Nachdem wir erfolgreich den Menschen in unserem Umfeld Sympathie entgegengebracht haben, erweitern wir unseren Radius und bringen jedem Menschen Wohlwollen entgegen. Wir leben wohlwollend als Grundhaltung unseres Lebens. Das Geschenk, das wir dadurch erhalten, ist groß. Wenn wir als Wohlwollende unseren Weg gehen, sind wir bei anderen beliebt und wir werden mit Sympathie empfangen, wo immer wir uns bewegen.

Ganz unabhängig davon bewirkt die innere Haltung des Wohlwollens eine harmonische Schwingung, die die Gesundheit in einem optimalen Zustand und den Säure-Basen-Haushalt ständig ausgeglichen hält.

Bewusstes Leben

ist Stimmigsein!

Stimmigsein in der Leichtigkeit des Seins

Das Leben in heiterer Gelassenheit und Freude genießen – ein Traum, der ganz einfach Realität wird. Wenn wir den Schlüssel kennen, lassen wir uns nicht mehr von den äußeren Umständen beeinflussen, sondern bestimmen sie. Wir schauen, wie wir in unserer Mitte ruhen oder ganz bewusst wieder dorthin finden. Das geht ganz einfach, wenn wir uns selbst gut kennen. Was löst bei Ihnen die Freude und die Leichtigkeit des Seins aus? In diesen Augenblicken sind Sie ganz Sie selbst und das ist die Grundlage für seelische und körperliche Gesundheit. Sie dürfen sich diese Augenblicke immer wieder bewusst selbst kreieren.

Hilfreiche Anregungen sind:
- Natur erleben,
- walken,
- tanzen,
- Ski laufen,
- Rad fahren,
- Tee trinken,
- mit Freunden gemeinsame Zeit verbringen,
- ein gutes Buch lesen,
- klassische Musik hören,
- im Bett frühstücken,
- in die Sauna gehen,
- einen Sonnenuntergang betrachten,
- am Meer dem Wellenspiel zuschauen,
- segeln,
- spielen,
- meditieren,
- an einem warmen Kachelofen sitzen,
- malen,
- träumen,
- befreit lachen, das entkrampft und stärkt sofort,
- das »innere Lächeln« mehrmals täglich »erneuern«,
- Imagination praktizieren: Stellen Sie sich einen großen, starken Baum vor und über ein Energieband fließt Lebenskraft des Baumes auf Sie über,

- eine weitere Imaginationsübung: Stellen Sie sich einen Schalter im Nacken vor, mit dem Sie die Lebenskraft und die Leichtigkeit des Seins an- und abstellen können. Aktivieren Sie mehrmals täglich ganz bewusst diesen Schalter!
- duschen. Das entspannende Geräusch, die gleichmäßige Massage und die negativen Ionen haben eine stärkende Wirkung. Die Wirkung wird noch intensiviert, wenn Sie sich vorstellen, unter einer »Licht-Lebenskraft-Dusche« zu stehen.

Sie sind Ihr Richter, Wärter und Gefangener und nur Sie können sich jederzeit begnadigen und die Erlaubnis geben, das Leben zu führen, das Sie sich wünschen. Sie sind sich selbst anvertraut. Sorgen Sie dafür, dass Sie Ihre Wahl nicht bereuen.

Mit dem sogenannten Inner Clearing haben wir ein effektives Werkzeug an der Hand, um unsere Gedanken und damit unser Leben zu bereinigen. Denn im Laufe eines Lebens sammeln sich in unserem Zellbewusstsein Energien ungelöster Situationen, unerfreulicher Ereignisse oder belastender Begegnungen an. Werden diese »Altlasten« nicht irgendwann aufgelöst, schleppen wir mit der Zeit einen schweren Rucksack an ungelöster Vergangenheit mit uns herum, der unser tägliches Leben ziemlich belastet und uns von der Leichtigkeit des Seins fernhält.

Diese ungelösten Energien haben körperliche und mentale Folgen. Eine davon ist Übersäuerung. Die Muskeln verspannen, das Immunsystem wird schwächer und wir sind damit empfänglicher für Krankheiten. Dieser unnötige Ballast zeigt sich aber auch in unserem Übergewicht, denn der Körper spiegelt getreulich wider, wenn wir uns »das Leben schwer machen«. Das ist vielleicht einer der Hauptgründe, warum für viele Menschen das Abnehmen und langfristige Halten des Idealgewichtes so schwierig ist. Das schränkt natürlich auch unsere Leistungsfähigkeit ein. Es ist, als ob wir ständig einen schweren Koffer mit uns herumschleppen. Da bleibt nicht mehr viel Energie für andere Aktivitäten. Nicht zu vergessen sind die mentalen und seelischen Folgen. Wir sind leicht reizbar, kaum belastbar und sind schnell überfordert bei der geringsten zusätzlichen Belastung.

Es ist sicher leicht einzusehen, dass es hilfreich und sinnvoll ist, diese angesammelte Belastung loszuwerden. Die Frage ist nur: wie? Das ist viel einfacher, als Sie glauben. Sie erreichen das mit folgenden Schritten:

- Erster Schritt:
  Suchen Sie sich einen ruhigen und gemütlichen Platz und gehen Sie in Ihrer Erinnerung noch einmal durch Ihr ganzes Leben. Beginnen Sie mit der frühesten Erinnerung in der Kindheit und erleben Sie dann noch einmal in aller Ruhe die folgenden Lebensjahre bis jetzt. Dann schreiben Sie alle belastenden Erinnerungen auf, auch wenn Sie glauben, dass diese bereits »erlöst« sind. Lassen Sie sich Zeit, falls erforderlich auch mehrere Tage, bis Sie sicher sind, alles, wirklich alles gefunden und aufgeschrieben zu haben.

- Zweiter Schritt:
  Gehen Sie dann in der Imagination (Vorstellung) noch einmal sorgfältig in jede Situation. Wichtig ist, dass Sie sie sich nicht nur vorstellen, sondern wirklich noch einmal erleben. Dabei halten Sie mit Daumen und Zeigefinger oder Mittelfinger die beiden Stirnbeinhöcker. Das sind die Punkte über der Mitte der Augenbrauen in der Mitte der Stirn. Schauen Sie beim ersten Mal in den Spiegel, damit Sie die Punkte sicher finden. Sie spüren dabei auch, dass diese Punkte energetisch »in die Tiefe« reichen.

- Dritter Schritt
  Während Sie sich eine möglicherweise noch belastende Situation vorstellen, halten Sie mit Daumen und einem Finger gleichzeitig diese beiden Punkte, bis sie »entladen« sind. Sie erkennen das daran, dass Sie ein Gefühl der Dankbarkeit spüren, der Freude und Erleichterung. Diese Gefühle können Sie meistens eine Minute lang deutlich wahrnehmen. Dann wissen Sie, dass diese zuvor belastende Situation energetisch entladen und erlöst ist. Machen Sie das mit allen Situationen Ihres Lebens, bis Sie völlig frei sind. So gehen Sie leicht in ein ganz neues Leben, ein Leben in der »Leichtigkeit des Seins«.

Nachdem Sie sich vom Ballast der Vergangenheit befreit haben, erheben Sie Ihr Bewusstsein zu seiner wahren Größe und erfüllen Sie mit diesem Bewusstsein jede Zelle Ihres Körpers.

Erheben Sie Ihr Bewusstsein in diesem Augenblick zur höchsten Stelle Ihres Kopfes, zum Kronenchakra. Nun überschreiten Sie diese Schwelle und treten hinaus in die unendliche Weite des All-Bewusstseins. Sie verlassen das »Körpergefängnis« und sind von einem Augenblick zum anderen frei.

Der Schritt in dieses höhere Bewusstsein ist dabei so einfach, dass Sie sich wundern, nicht schon längst diesen naheliegenden Schritt getan zu haben, und Sie fragen sich, warum Ihnen das nie in den Sinn gekommen ist, und wenden sich dann wieder der Leichtigkeit des Seins zu. Ihr Bewusstsein ist auch noch im Körper, aber der weitaus größere Teil ist außerhalb Ihres Körpers und Sie erkennen: Sie sind gar nicht im Körper, der Körper ist in Ihnen. Sie sind Bewusstsein. Bewusstsein, das immer war und auch immer sein wird.

Im höchsten Bewusstsein

das Leben genießen!

Der »Plusfaktor« – Vernetzung mit den »geistigen Gesetzen« – kennen und anwenden

Wenn wir die geistigen Gesetze kennen und anwenden, beherrschen wir unser Leben und die Umstände, anstatt dass diese uns beherrschen. Das Wissen um diese geistigen Wirkprinzipien bringt uns in die Vollmacht und erschließt uns unser Schöpferpotenzial – unser wahres Geburtsrecht.

Das Gesetz des Loslassens

Ein wichtiger Schritt zum mentalen Entsäuern ist das Loslassen. Das Loslassen ist der erste und der letzte Schritt auf dem Weg zu sich selbst, zum dem, der ich wirklich BIN. Damit verlieren wir wirklich alles, was nicht wirklich zu uns gehört.

Wenn wir Altes, Belastendes und Ballast loslassen, wird unser Leben leichter, freier und schöner. Beginnen Sie am besten sofort mit dem Großputz. Werfen Sie alles über Bord, was nicht mehr zu Ihnen gehört. Wir dürfen alles loslassen, was uns nicht glücklich macht: den sichtbaren und überflüssigen Ballast wie auch den mentalen und emotionalen Unrat.

Am leichtesten geht die Umsetzung in die Praxis, wenn wir im Außen beginnen. Durchforsten Sie kritisch Ihr Haus vom Keller bis zum Dachboden, Ihre Schränke, Kommoden und Regale. Auch die Garage und der Garten gehören dazu. Sehr bewährt beim Entrümpeln hat sich folgende Regel: Alles, was wir ein Jahr lang nicht mehr benutzt oder angezogen haben, brauchen wir nicht wirklich und wir können es getrost verabschieden.

Bei dieser Entrümpelung lassen wir als Erstes den Glaubenssatz los: »Wer weiß, wofür ich das noch nutzen kann. Irgendwann brauche ich es wieder.« Die Wahrscheinlichkeit ist sehr groß, dass wir dieses nicht mehr zur Hand nehmen. Dann können wir es auch gleich entsorgen.

Bei dieser Aufräumaktion nehmen Sie auch Ihren Kleiderschrank auf den Prüfstand. Ihre Lieblingsstücke kommen nach vorne, das, was Sie eher selten tragen, nach hinten. Das, was Sie wirklich ständig benötigen, ist so immer griffbereit und das andere wird einmal jährlich begutachtet, ob es noch zu Ihnen oder in die Altkleidersammlung gehört.

Mit jedem Gegenstand, den wir loslassen, spüren wir eine Befreiung und kommen so immer mehr in die Leichtigkeit des Seins. Denn alter Plunder bindet Energie und belastet uns. Besitz besitzt auch einen Menschen.

Loslassen ist ganz einfach, wenn wir nicht mehr festhalten. Dann fällt automatisch alles von uns ab, was nicht mehr zu uns gehört. Zum Loslassen gehört die Erkenntnis, an was ich (noch) festhalte und aus welchem Grund. Bei der Analyse des Loslassens gehen wir in drei Schritten vor:
- Wir definieren, was wir loslassen wollen. Das können Menschen, Gegenstände oder Gewohnheiten sein.
- Wir prüfen, was uns bislang am Loslassen gehindert hat. Wir erkennen Hindernisse, Glaubenssätze, Blockaden, Verhaltensweisen, Überzeugungen und Programme.
- Wir treffen die bewusste Entscheidung loszulassen und beseitigen die inneren und äußeren Hindernisse. Dabei hilft die nachfolgende Loslass-Meditation, die Sie gezielt an mindestens 21 aufeinanderfolgenden Tagen praktizieren, damit alte Programme und Blockaden gelöscht und Platz für Neues geschaffen wird.

Die Loslass-Meditation:

Ich schließe meine Augen, werde mir meiner Mitte bewusst und ruhe gelöst in mir. Ich richte meine Aufmerksamkeit nun auf das, was ich loslassen möchte, stelle es mir vor, lasse es lebendig werden und gehe bewusst in die Situation hinein und erlebe sie ganz bewusst und bedingungslos.

Nun richte ich meine Aufmerksamkeit auf das Gegenteil, stelle es mir vor, lasse es ganz lebendig werden und gehe ganz hinein, um es bedingungslos zu erleben.

Ich erkenne, ich habe die Wahl.

Ich kann sowohl das eine als auch das andere erleben.

Und nun treffe ich meine Wahl.

Noch einmal gehe ich ganz bewusst in das, was ich loslassen möchte, tauche ganz ein, werde eins damit. Ich erlebe bewusst den Raum, den es bisher in meinem Leben eingenommen hat und den es erfüllt.

Ich atme einmal ganz tief ein und während ich ausatme, verlasse ich bewusst diesen Raum und kehre zurück in die Wirklichkeit meines wahren Seins.

Dabei erlebe ich bewusst den Unterschied zwischen dem, was ich losgelassen habe, und meinem wahren Sein. Ich vergewissere mich, dass ich diesen Raum ganz verlassen habe und dass ich mich vollständig davon gelöst habe.

Wenn ich bereit bin, gehe ich noch einmal ganz bewusst in das, was ich loslassen will, tauche ganz ein, werde eins damit, erlebe es mit meinem ganzen Sein. Ich erlebe noch einmal bewusst den Raum, den es bisher in meinem Leben eingenommen hat und den es erfüllt.

Mit einem tiefen Atemzug dehne ich mich zu meinem wahren Sein aus und kehre zurück in die Wirklichkeit meines wahren Seins. Ich vergewissere mich, dass ich diesen Raum verlassen habe und mich vollständig davon gelöst habe.

Ich fühle bewusst die Harmonie und Freude meines wahren Seins.

Während ich voller Freude in mir ruhe, gestatte ich der Energie des Losgelassenen, sich vollständig aufzulösen, bis nichts mehr davon da ist.

Nun richte ich meine Aufmerksamkeit auf einen anderen Aspekt meines Lebens, den ich erfahren oder verändern möchte, und treffe bewusst meine Wahl. Ich erlebe mich in dem erwünschten Endzustand und nehme ihn so durch Identifikation in Besitz. Und so kann ich Thema für Thema mit der Loslass-Technik bearbeiten und aus meinem Leben verabschieden. Wenn ich bereit bin, öffne ich nun die Augen und komme gestärkt ins Hier und Jetzt zurück.

Diese Technik des mentalen Loslassens ist sehr wirksam. Wichtig ist das regelmäßige Üben, bis Sie die Praxis perfekt beherrschen. Dies ist in der Regel nach 21 Tagen der Fall. Ob die Loslass-Technik erfolgreich war, erkennen Sie an dem Gefühl, das Sie wahrnehmen, wenn Sie an das Thema denken, das Sie loslassen wollen. Fühlt es sich unangenehm an, so haben Sie noch nicht wirklich energetisch losgelassen. Das innere Loslassen ist aber die Voraussetzung dafür, dass es im Außen auch geschieht.

Als weiterer Schritt schauen wir uns an, womit wir unsere Zeit verbringen. Auch das gehört zum Loslassen: Zeitdiebe und Zeitfresser dürfen wir konsequent aus unserem Leben verabschieden. Von dieser Sorte gibt es mehr, als wir vermuten: Zeitschriften und Werbekataloge, mit denen wir eingedeckt werden, das Fernsehen, unnötiges Tratschen und Klatschen, überholte Bekanntschaften und Freundschaften, ungeliebte Ehrenämter und Pöstchen, stundenlange Telefonate mit Menschen, die uns als »Klagemauer« missbrauchen. Wir nehmen alles auf den Prüfstand und schauen, was und wer unser Leben bereichert oder belastet.

Wir lassen los, was und wer uns nicht glücklich machen. So schaffen wir uns Zeit für uns selbst, in der wir das tun, was uns wirklich Freude macht: ein gutes Buch lesen, Natur erleben, klassische Musik hören, eine neue Sportart erlernen oder meditieren. Jeder Tag wird so zu einem Freudentag, der uns erfüllt. Denn das Leben ist ein Spiel, das uns zur Freude gespielt wird. Darum ist es so wichtig, auch die Zeit zu finden, um sich zu freuen. Wenn die Zeit für Freude nicht da ist, dann schaffen wir sie uns durch Loslassen.

Es lohnt sich, eine Zeit lang aufzuschreiben, mit was und mit wem Sie Ihren Tag verbringen. Fragen Sie sich bei jeder Aktivität, ob diese wirklich sein muss und ob sie diese mit Freude erfüllt und ob Sie genügend Zeit für sich selbst haben. Nach der Bestandsaufnahme ordnen Sie Ihre tägliche Zeit nach Wichtigkeit. Dabei ist es sinnvoll, mit Listen zu arbeiten, sowohl Tages- als auch Wochenlisten, Monats- und Jahresübersichten. Diese Planung gibt Struktur und einen guten Überblick, ob wir uns auch wirklich mit dem für uns Wesentlichen befassen.

Am Abend schreiben Sie jeweils eine Liste mit den Terminen und Aktivitäten des nächsten Tages. Dabei nehmen Sie sich vor, was unbedingt getan werden muss. Und planen Sie ganz bewusst Zeit für das ein, was Freude macht und darum unverzichtbar ist. Nehmen Sie sich auch Raum für Gespräche mit Freunden, für gemeinsame Zeit mit dem Partner, Bewegung – alles, was Ihnen guttut. Und kalkulieren Sie genügend Zeit für Unvorhergesehenes ein. Wenn jede Sekunde verplant ist, haben Sie keinen Spielraum für Unerwartetes und geraten dann in Zeitnot.

Schaffen Sie sich Zeit für alles, was Sie bisher aufgeschoben haben, weil Sie dafür keine Zeit hatten, obwohl es Ihnen wichtig war. »Keine Zeit haben« bedeutet, dass Sie sich bisher dafür nicht die Zeit genommen haben. Um was es geht, ist eine bewusste Entscheidung. Zeit ist die gerechteste Sache der Schöpfung. Jeder bekommt gleich viel: täglich 24 Stunden. Wie wir diese Zeit verbringen, ist unsere Sache. In der Entscheidung im Umgang mit der Zeit zeigt sich, ob wir wirklich Gestalter unseres Lebens sind oder ob uns die Zeit einfach »davonläuft«. Verschwendete Zeit ist verschwendete Lebenszeit – es geht um Ihr Leben!

Fragen Sie sich immer wieder, was Ihr Leben bereichern würde, was (noch) zu kurz kommt, was geändert werden muss. Welche Erfahrungen möchten Sie noch machen? Was möchten Sie erleben? Mit wem möchten Sie zusammen sein? Wie würde Ihr optimales Leben aussehen? Was hält Sie davon (noch) zurück?

Wir dürfen unser Leben jeden Tag neu gestalten, sodass es uns erfüllt und glücklich macht, sodass wir am Ende unseres Lebens sagen können: »Ich habe wirklich gelebt. Danke für mein glückliches Leben.«

Dieses Leben findet ausschließlich uns zur Freude statt. Wenn wir uns auch nur eine Sekunde lang nicht freuen, dann haben wir eine Chance des Lebens nicht genutzt. Freudloses können wir in jedem Augenblick ändern durch Loslassen oder Änderung unserer Sichtweise. Diese Erkenntnis führt zu einer unerschütterlichen Gelassenheit. Gelassenheit ist die beste Medizin für unseren Körper und führt zu einer beneidenswerten Gesundheit.

Los-lassen ist Frei-sein!

Das Gesetz der Veränderung

Die griechische Weisheit »Panta rhei« (übersetzt: alles fließt) zeigt, dass im Kosmos nichts gleichbleibend und starr für die Ewigkeit ist. Alles, jedes Atom, jedes Molekül, jeder Organismus und jedes Sonnensystem ist in ständiger Bewegung und Veränderung. Wandel ist ein Naturgesetz.

So haben auch wir in jedem Augenblick die Chance, uns und unsere Lebensumstände zu verändern. Wir können das freiwillig durch unsere bewusste Entscheidung tun oder das Leben bewirkt Veränderung für uns durch »Zufälle« und Ereignisse, die uns zu Veränderungen zwingen.

Zum Gesetz der Veränderung gehört der Glaube. Er ist ein hochwirksames, aber fast unbekanntes Heilmittel. Nicht umsonst heißt es:»Alle Dinge sind möglich dem, der da glaubt.« (Markus 9, 23). Wir glauben zu viel an den praktischen Wert des Wissens und wissen zu wenig vom praktischen Wert des Glaubens.

Dieser Glaube ist das Erinnern an die eigene göttliche Natur des Menschen. Jesus sagte stets:»Dir geschehe nach deinem Glauben.« Das ist ein geistiges Gesetz. Sorgen wir also stets dafür, dass wir das Richtige glauben. Denn nicht was wir wollen geschieht, sondern das, was wir glauben. Wenn wir darum nach Veränderung im Leben streben, kann nur das in Erscheinung treten, was innerhalb der Grenzen unseres

Glaubens liegt. Die Geisteskraft des Glaubens schließt uns an die Eine Kraft des Universums an, sodass nichts mehr unmöglich ist.

Wissen stellt Tatsachen fest, Glauben schafft Tatsachen.

In der Bibel wird diese Gesetzmäßigkeit so beschrieben: »Alles, worum ihr bittet, glaubt, dass ihr es erhalten habt, und es wird euch werden.«

Glaube ist ein »inneres gewisses Wissen«, das nicht auf äußeren Beweisen beruht. Es ist ein inneres Erkennen der Wahrheit und Wirklichkeit. Wahrer Glaube ist die innere Gewissheit, dass das Erwünschte in »Erscheinung treten« muss und damit die Veränderung, wenn ich mich der Einen Kraft ganz öffne und sie auf das erwünschte Ziel lenke und die Zukunft als bereits vollzogene Gegenwart dankbar in Besitz nehme.

Der Sinn des Dankens ist es, dass man für etwas dankt, das man erhalten hat, und damit verlegt man die Erfüllung ins JETZT!

Je nach Art Ihres Glaubens arbeitet dieser für oder gegen Sie, denn die Kraft des Glaubens verwirklicht das, wovon Sie innerlich überzeugt sind.

Heilender Glaube ist jener, der nicht mehr auf den äußeren Schein, sondern auf das innere Sein blickt und damit verursacht, dass es sich auch nach außen manifestiert, sich als Umstand oder als Heilung verwirklicht.

Paracelsus erkannte schon im 16. Jahrhundert: »Die Vorstellung ist die Ursache vieler Krankheiten, der Glaube aber ist die Heilung ALLER Krankheiten.« Die einfachste Form, den Glauben an meine Gesundheit zu praktizieren, ist es, mir dort Gesundheit vorzustellen, wo jetzt Krankheit ist. Den betreffenden Teil des Körpers als bereits geheilt »sehen« und dankbar und voll Freude die Heilung als vollzogen fühlen. Dieses »innere Bild« dient dem Körper als Bauplan, nach dem er Wirklichkeit schafft. Das Gefühl, die Dankbarkeit und die Freude liefern die Kraft zur Umsetzung.

Mitunter kann eine Heilung oder Veränderung auf diesem Weg sofort erreicht werden. Hin und wieder aber ist wiederholtes Hinwenden im Glauben erforderlich. Auch Jesus betonte immer wieder die »Ausdauer im Glauben«.

Glauben ist also nicht nur Bejahung, sondern Gewissheit der Wahrheit und Verwirklichung des gläubig bejahten. Wer nur glaubt, was er sieht, der ist erst dann bereit, an die Wirkung des Säens zu glauben, wenn er die Ernte sieht.

Auch wer nicht glaubt, der glaubt – nur eben das Falsche, das Gegenteil des Erwünschten.

Zweifel ist Glaube, der gegen Sie arbeitet. Zweifel ist Glaube an einen möglichen Misserfolg. Doch der festeste Glaube muss wirkungslos bleiben, wenn ich die Erfüllung in die Zukunft verlege, wenn ich in der Gegenwart mein Bewusstsein auf die Krankheit, das Leid oder den Mangel richte. Erst wenn ich mich JETZT mit dem Gedanken der Verwirklichung erfülle, ist der Weg frei für die Eine Kraft, kann ich Veränderung und Erfüllung erfahren.

Also sollten wir gläubig bejahen: »Ich glaube, dass die Eine Kraft mich JETZT heilt, und dafür danke ich.« Heilung ist immer zuerst ein Wachsen im Bewusstsein. Andauerndes gläubiges Bejahen als Erkennen der inneren Wirklichkeit löst alle Hindernisse auf, lässt Heilungsenergie frei fließen und ermöglicht vollkommene Gesundheit und Manifestation (in Erscheinung treten) des erwünschten Endzustandes.

Nichts steht zwischen dem Menschen und der Erfüllung eines jeglichen Wunsches als Zweifel und Sorge. Wer sich etwas wünschen kann in der Gewissheit der Erfüllung, dem ist die Erfüllung sicher. Glaube ist eine höchst intelligente Angelegenheit, denn im Glauben liegt die Bereitschaft, die Unbegrenztheit des menschlichen Geistes anzuerkennen. »Alle Dinge sind möglich dem, der glaubt«, heißt es in der Bibel.

Glauben und richtiges Handeln

bewirken Wandel!

Das Gesetz der Gedanken

Unser Körper besteht aus etwa 80 Billionen Zellen. In jeder Sekunde
sterben einige Tausend davon und werden sofort durch neue ersetzt.
Jede neue Zelle aber wird sofort durch die Qualität unseres Denkens
geprägt, gleichgültig ob es sich um positive oder negative Gedanken
handelt. Mit der Ausrichtung unseres Denkens bestimmen wir automatisch auch über die Qualität unserer Körperzellen. Das Denken
heilt uns oder macht uns krank.

Unsere Körperzellen haben ein eigenes Bewusstsein, das augenblicklich auf jede Änderung unseres mentalen Codes reagiert. Jede unserer
gedanklichen Vorstellungen prägt sich ständig jeder einzelnen Zelle
unseres Körpers ein.

Unsere Gedanken schaffen Wirklichkeit. Die Macht der Gedan-
kenkraft ist den meisten Menschen gar nicht bewusst. Im richtigen
Umgang mit unseren Gedanken liegt der Zentralschlüssel zu einem
erfolgreichen und erfüllten Leben. Unsere Gedanken werden von unseren Überzeugungen, Programmierungen und Gewohnheiten gesteuert. Dabei hat das Unterbewusstsein eine starke Tendenz, seinen
inneren Programmen zu folgen und sich entsprechend zu verhalten.
Aus diesem Grund ist es sinnvoll, seine Gedanken und sein Verhalten
immer wieder genau anzuschauen und zu hinterfragen. Tun wir dies
nicht, übernimmt das Unterbewusstsein das Steuer und wiederholt
ganz automatisch immer wieder bestimmte Gedankengänge und Verhaltensmuster. Die Lösung liegt in der Löschung alter Programme und
der Integration neuer Programme. Voraussetzung dafür ist, dass wir
eine klare Vorstellung von unseren Zielen und den neuen Programmen haben und fest an sie glauben. Es sind die Klarheit der Gedanken
und der Glaube, die unser Unterbewusstsein überzeugen.

In einem ersten Schritt machen wir uns bewusst, dass wir nicht unser
Körper sind, sondern ein schwingendes Energiefeld mit einer ganz bestimmten Schwingung, einer energetischen Signatur. Wir machen uns
die Qualität dieser Schwingung bewusst, indem wir unsere Aufmerksamkeit darauf richten und prüfen, wie wir uns gerade jetzt in diesem
Moment fühlen. In einem zweiten Schritt fragen Sie sich, wie es sein

sollte, damit es Ihnen entspricht. Dann machen wir uns bewusst, warum unsere Schwingung gerade so ist, wie sie ist: durch unsere Gedanken und unsere Überzeugungen.

Diese Gedanken und Überzeugungen können wir jederzeit wandeln. Wir können den mentalen Code jederzeit ändern durch die richtige »geistige Nahrung«. Dazu gehört, dass wir das Ziel definieren. In welche Richtung soll die Veränderung gehen? Nur wenn das Ziel klar ist, ist Wandlung möglich. Als nächsten Schritt sehen wir das dazugehörende Bild vor unserem geistigen Auge. Die Macht des Bildes wird unterstützt durch die Macht des Wortes. Hilfreich sind dabei auch Affirmationen (Bekräftigungsformeln). Ein Beispiel dafür ist: »Meine geistige Nahrung gibt meinem Körper alles, was er braucht, und macht mich gesund und vital.«

Dann richten wir unsere Aufmerksamkeit auf den erwünschten Gefühlszustand und halten ihn ganz bewusst gerichtet. Indem wir das tun, erschaffen wir genau die Schwingung, die wir wünschen. Die Erklärung dafür ist, dass wir immer nur einen Gedanken gleichzeitig denken können. Sobald wir uns mit einem Gedanken der erwünschten Qualität erfüllen, verändern wir unsere Schwingung und damit unsere Ausstrahlung entsprechend. Durch diese neue energetische Signatur ziehen wir andere Menschen und Situationen in unser Leben. Durch die bewusste Anwendung des »Gesetzes der Gedanken« erschaffen wir unsere Wirklichkeit. Wir werden vom Opfer zum Schöpfer unserer Lebensumstände. Wir erschaffen uns eine harmonische Partnerschaft, vollendete Gesundheit, ein erfolgreiches Berufsleben und alles, was wir uns wünschen.

Wenn wir unsere Gedanken in die entsprechende Bahn lenken und im Gefühl der Gelassenheit, Leichtigkeit, Freude und Dankbarkeit dauerhaft ruhen, dann leben wir ein glückliches Leben und fühlen uns alter-los. Das »Gesetz der Gedanken« wirkt ständig, ob wir uns dessen bewusst sind oder nicht. Worauf es ankommt, ist, ständig in der Achtsamkeit bezüglich seiner Gedanken zu sein und die energetische Signatur ganz bewusst zu optimieren. Machen wir uns bewusst, dass wir ständig eine bestimmte Schwingung haben und diese permanent aussenden. Darum können wir in jedem Augenblick innehalten und das, was wir gerade erleben, als Spiegel unserer früheren Gedanken wahrnehmen.

Dann machen wir uns bewusst, was wir jetzt denken und damit aussenden:
- Welcher Natur sind diese Gedanken?
- Welche Erfahrungen ziehen wir mit diesen Gedanken an?
- Wollen wir das so?
- Welche Qualität müssten unsere Gedanken haben, damit unser Traumleben Wirklichkeit wird?

Die Macht der Veränderung liegt im Richten der Aufmerksamkeit. Wir ändern unsere Gedanken und optimieren unsere Schwingung. Wir spüren ein wunderbares Wohlgefühl, das unseren ganzen Körper erfüllt, und bleiben in diesem Gefühl. Dieses wohlige Gefühl ist der Motor, der uns in die gewünschte Richtung bringt, nachdem wir das Ziel Kraft unserer Gedanken definiert haben.

Das ist erfolgreiches energetisches Management: Die Fähigkeit, jede Lebenssituation, Umstände und Ereignisse ganz bewusst zu steuern, die Richtung zu wählen und so sicher das erwünschte Ziel zu erreichen. Dies geschieht im Inneren durch die bewusste Veränderung der Schwingung unserer energetischen Signatur.

Zum erfolgreichen energetischen Management gehören folgende Schritte:
- die Kraft der Gedanken,
- die Optimierung unseres Selbstbildes,
- das Richten der Aufmerksamkeit auf eine optimale Schwingung,
- das Richten der Aufmerksamkeit auf ein wunderbares Wohlgefühl, das den ganzen Körper erfüllt,
- die stetige Wiederholung zur Verankerung im Unterbewusstsein.

Nun sind Sie zu einer Erfahrungsmeditation »Die Kraft der Gedanken« eingeladen. Bitten Sie eine andere Person, Ihnen diese Meditation vorzulesen, oder nehmen Sie den Text auf einen MP3-Player auf und hören ihn dann beliebig oft ab:

Ich mache es mir jetzt bequem.

Ich schließe meine Augen und gestatte meinem Körper, vollkommen bewegungslos zu sein, nichts mehr bewegen – ganz still sein.

Ich bin wie mein eigenes Denkmal, still und ruhig.

Das Einzige, was sich jetzt noch bewegt, ist mein Atem.

Mein Atem geht ganz ruhig, tief und ruhig.

Ich konzentriere jetzt die Vielzahl meiner Gedanken auf einen Punkt – auf meinen Atem.

Nichts verändern – einfach nur beobachten.

Ich beobachte jetzt meinen Atem.

Er geht ganz ruhig und tief.

Und während ich meinen Atem beobachte, lasse ich ihn behutsam tiefer werden.

Mein Atem wird jetzt immer tiefer – er ist ruhig und tief.

Jetzt lasse ich auch meinen Atem los.

Und lasse den Atem geschehen. Ich erlebe jetzt das Wunder – ES ATMET MICH!

Ohne mein Zutun werde ich beatmet.

Es ist das Leben in mir, das mich atmen lässt.

Ich spüre jetzt ganz bewusst das Leben in mir, das mich atmet.

Ich nehme das Leben in mir jetzt ganz bewusst wahr.

Ich nehme MICH wahr, den, der ich wirklich bin.

Ich bin Bewusstsein, erlebe mich als mich SELBST.

Und ich beobachte jetzt einmal meine Gedanken.

Achte einfach darauf, welche Gedanken in mir sind.

Was mir einfällt, welche Bilder und Gefühle sie begleiten.

Lasse diese Gedanken einfach zu, lasse sie frei.

Beobachte nur, welche Gedanken in mir sind.

Lasse sie kommen und gehen.

Beobachte, was gedanklich in mir normalerweise abläuft.

Jetzt greife ich einen dieser Gedanken heraus.

Halte ihn fest.

Schaue ihn genauer an.

Woher kommt er?

Warum denke ich diesen Gedanken?

Was will er mir sagen? Wozu fordert er mich auf?

Und ich gehe jetzt einmal mit diesem Gedanken um.

Wenn er mir gefällt, gehe ich noch tiefer in ihn hinein.
Schmücke ihn aus, male ihn aus, denke ihn weiter ...
Wenn er mir nicht gefällt, ändere ich ihn jetzt.
Wie möchte ich denn, dass es wirklich ist?
Wie möchte ich eigentlich darüber denken?
Und ich ändere einfach diesen Gedanken, bis er mir gefällt.
Und betrachte jetzt den von mir neu geschaffenen Gedanken.
Freue mich darüber und denke ihn weiter.

Jetzt lasse ich auch diesen Gedanken wieder los, lasse ihn frei.
Und lasse einen anderen Gedanken in mir auftauchen und nehme einfach den nächsten Gedanken und mache mir bewusst:
Will ich, dass sich dieser Gedanke in meinem Leben verwirklicht?
Will ich, dass ich diesen Gedanken erleben werde?

Und ich ändere entweder diesen Gedanken, sodass ich mich freuen kann, wenn er als Wirklichkeit in meinen Leben kommt. Und wenn er mir bereits gefällt, bejahe ich ihn aus tiefsten Herzen und mache mir dabei bewusst, das alles, was ich denke, ein Teil meines Lebens wird, dass es als Schicksal zurückkommt, sich verwirklichen muss als meine Wirklichkeit.

Und so prüfe ich jetzt ganz bewusst, was immer ich denke, betrachte ab sofort jeden Gedanken ganz bewusst und ändere ihn immer sofort so, dass ich ihn bejahen kann, dass ich ihn gerne in meinem Leben erleben möchte.

Es ist mir jetzt bewusst, dass ich schon immer das erlebt habe, was ich gedacht habe. Meine Gedanken schaffen Umstände, mein Leben, meine Wirklichkeit, mein Schicksal. Ich beschließe, von jetzt an bewusst mein Leben zu gestalten, bewusst zu denken, bewusst ich SELBST zu sein.

Jetzt lasse ich auch diesen Gedanken los und kehre ganz bewusst wieder zurück ins Hier und Jetzt. Aber ich erlebe mich immer noch als Bewusstsein, als mich selbst, weiß: Ich bin es, der die Gedanken denkt und damit mein Leben und Schicksal bestimmt.

Als Erwachter im

ewigen ICH BIN leben!

Das Gesetz der Selbstbestimmung

Zum Gesetz der Selbstbestimmung gehört das bewusste Erleben der eigenen »natürlichen Vollkommenheit«. Der Mensch ist gedacht als »Ebenbild Gottes«, als ein vollkommener Ausdruck der Vollkommenheit des SEINS. Den Weg dorthin nennen wir Evolution. Wichtig ist, dass wir uns irgendwann ganz bewusst entscheiden, nicht mehr nur »vor uns hin zu leben«, sondern zu uns SELBST zu erwachen und zu leben als der, der ich WIRKLICH bin. Dazu lenken wir immer wieder unsere Aufmerksamkeit auf unsere WAHRE Identität. Damit lösen sich alle angenommenen Identifikationen auf und unsere wahre Identität beginnt unser Leben zu bestimmen. Unser wahres Wesen IST bereits vollkommen und diese natürliche Vollkommenheit tritt ganz natürlich in Erscheinung, INDEM WIR ALLES UNVOLLKOMMENE LOSLASSEN.

Mit nachfolgender Übung ist es ganz einfach, in die Vollmacht zu gehen und alles Unvollkommene zu verabschieden:
- Sobald Sie Ihre Aufmerksamkeit auf das Bewusstsein RICH-TEN, beginnt es zu erwachen, besser ausgedrückt, Sie werden sich bewusst, denn Bewusstsein ist IMMER wach. Bewusstsein erwacht in der Gedankenstille und Bewegungslosigkeit. Sie sind dann wieder der Beobachter des Lebens und leben in der »Präsenz des SEINS«.
- Richten Sie einmal Ihre Aufmerksamkeit auf den Beobachter und beobachten Sie Ihren Atem. Nichts verändern, einfach nur beobachten. Dann lassen Sie Ihren Atem los und erleben bewusst Gedankenstille. Sie ruhen bewusst in Ihrer Mitte und lassen Ihr Bewusstsein von der Mitte aus immer weiter werden, bis es wieder unendlich ist. Erleben Sie bewusst: Ich bin überall und alles. Ich bin im Ein-klang mit allem – ICH BIN.
- Ein anderer Weg ist das bewusste Erleben der eigenen natürlichen Vollkommenheit. Indem Sie das, was Sie gerade tun, vollkommen tun. Das kann alles sein: etwas zur Hand nehmen und wieder wegstellen, bewusst gehen, etwas trinken, ganz bewusst Auto fahren oder ein Gespräch führen.
- Sie können Ihre natürliche Vollkommenheit bei ALLEM erleben, was immer Sie gerade tun, und indem Sie sich dessen

bewusst werden, SIND Sie bei Bewusstsein und damit in der Vollmacht.

- Ein anderer Weg ist, aus der Zeit auszutreten und in das ewige JETZT einzutreten. Ganz bewusst diesen Augenblick JETZT zu erleben, bedeutet, bewusst HIER zu sein. Sobald Sie ganz im JETZT sind, sind Sie in der Zeitlosigkeit.
- Sie erleben bewusst Ihre Alterslosigkeit und kommen so zur Einsicht. Sie können jederzeit durch die »Tür des Augenblicks« in das ewige JETZT eintreten und damit in die Zeitlosigkeit fallen.
- Sie können so ALLES ändern, aber Ihre Macht liegt NUR im Jetzt.
- Die Gestaltung des Lebens, das Bestimmen der Zukunft, ALLES beginnt im JETZT, indem Sie JETZT die richtigen Ursachen setzen. JETZT ist wirklich ALLES möglich. Es ist der Raum, in dem Leben »geschieht«.
- Die Identifikation mit dem Persönlichkeitstraum endet und die wahre Identität wird bewusst als ICH BIN erlebt.
- Es ist die Rückkehr in die vergessene Allmacht und Sie erleben, was Jesus gemeint hat, als er sagte: »Ihr werdet Gleiches tun wie ich und Größeres.«

Wir sind hier, um unsere natürliche Vollkommenheit mit jedem Tag und in jeder Situation immer vollkommener voll Freude zum Ausdruck zu bringen. Das ist unsere Lebensabsicht. Wir müssen uns nicht selbst verwirklichen und auch nicht »vorwärtskommen«, wir sollten uns nur wieder »er-innern«. Dann sind wir bei uns SELBST »angekommen«. Wir erkennen das Leben als ein wunderbares Geschenk und ALLES, was »geschieht«, ist ganz gleich-gültig. Es ist ein zusätzliches Geschenk, ganz gleich, ob es das Ego als angenehm oder unangenehm empfindet. Wir beurteilen Dinge nicht mehr, sonder erleben Sie bewusst und gehen in »heiterer Gelassenheit« durch unser Leben, ganz gleich, was gerade »geschieht«. Wir leben selbstbestimmt – von unserem wahren SELBST bestimmt – voll Vertrauen und Zufriedenheit in der »Leichtigkeit des SEINS«.

Das mag mit einem vollkommenen Handgriff beginnen. Nehmen Sie einmal ganz bewusst mit einer vollkommenen Bewegung ein Buch zur Hand, lesen Sie einen Satz und stellen Sie es mit der gleichen fließenden Vollkommenheit wieder zurück. Oder Sie trinken einmal ganz bewusst einen Schluck Wasser, erleben, wie Sie mit einer vollkommenen Bewegung zum Glas greifen, einen Schluck trinken und das Glas ebenso vollkommen wieder zurückstellen. Sitzen Sie einmal ganz bewusst vollkommen oder erleben Sie einmal, wie Sie vollkommen Auto fahren. Sie können die »natürliche Vollkommenheit« BEI ALLEM erleben, was Sie gerade tun.

Beginnen Sie den Tag bewusst vollkommen. Putzen Sie sich die Zähne vollkommen und duschen Sie vollkommen. Ziehen Sie sich mit vollkommenen Bewegungen an und frühstücken Sie vollkommen. Schaffen Sie im Laufe des Tages so viele »Inseln der Vollkommenheit«, indem Sie immer wieder etwas bewusst absolut vollkommen tun, bis das für Sie ganz natürlich ist, STÄNDIG alles vollkommen zu tun.

Lassen Sie auch Ihre Beziehung immer vollkommener werden, indem Sie selbst ein wirklich idealer Partner sind. FÜHREN Sie JEDES Gespräch bewusst vollkommen und wenn eine Beziehung sich erfüllt hat, beenden Sie diese in vollkommener Harmonie.

Machen Sie AUS ALLEM einen vollkommenen Erfolg, einfach indem Sie vorher nicht aufhören, und bringen Sie so JEDES Vorhaben zu einem vollkommenen Abschluss. Machen Sie aus JEDEM Tag ein vollkommenes Kunstwerk und damit ein vollkommenes Leben. Und irgendwann verlassen Sie vollkommen bewusst einen gesunden Körper nach einem langen, vollkommen erfüllten Leben. In diesem Bewusstsein ist es auch nicht möglich, sauer zu sein oder ein Problem zu haben, weil NICHTS mehr ein Problem ist, sondern nur noch eine Aufgabe.

Mit nachfolgender Meditation können wir uns die Vollkommenheit und die »Macht der SELBSTbestimmung und des SEINS« bewusst machen:

Ich mache mir einmal bewusst, wer ich WIRKLICH bin. Von meinem WAHREN Wesen her BIN ICH vollkommnes, ewiges SEIN. Ich war immer und werde immer sein, denn ICH BIN. Ich bin ein ungetrennter Teil des EINEN SEINS. Aus der Vollkommenheit meines wahren

SEINS kann ich ALLES erkennen, einfach indem ich meine Aufmerksamkeit darauf richte.

Ich richte meine Aufmerksamkeit einmal auf einen Aspekt meines Lebens und mache mir bewusst, wie er optimal oder ideal wäre. Ich formuliere das in einem klaren Satz, zum Beispiel: »Ich wäre gerne vollkommen gesund.« Dann formuliere ich den Satz so, als hätte ich mein Ziel bereits erreicht, also in der Gegenwartsform: »Ich BIN vollkommen gesund.«

Nun FÜHLE ich einmal JEDES einzelne Wort vollkommen. Wie fühlt sich dieses »Ich« an? Wen genau meine ich, wenn ich »Ich« sage? Ist es mein Körper, mein Verstand oder meine Persönlichkeit? Nein, das alles HABE ich, also kann ich es nicht SEIN. Ich bin der vorübergehende »Nutzer«. Ich FÜHE einmal, wie sich mein WAHRES SEIN anfühlt.

Dann FÜHLE ich das nächste Wort vollkommen, also das Wort »BIN«. Was heißt dieses »ICH BIN«? Was bedeutet es für mich? Nun fühle ich: ICH BIN ewige Gegenwart, ich BIN ewig. Ich war immer und werde immer sein, denn ich BIN.

Dann FÜHLE ich das nächste Wort, das Wort »VOLLKOMMEN«. Wie fühlt sich »vollkommen« an? Ich FÜHLE einmal, was es heißt, vollkommen zu SEIN. Ich muss nicht mehr besser werden, muss nirgendwohin, ich bin am Ziel, ich BIN vollkommen.

Dann fühle ich das nächste Wort, das Wort »GESUND«. Wie fühlt es sich an, gesund zu sein? Ich FÜHLE einmal meine vollkommene Gesundheit. Ich erlebe voller FREUDE und DANKBARKEIT die vollkommene Gesundheit meines WAHREN Wesens. Als dieses vollkommen gesunde WAHRE SEIN nehme ich nun einmal meinen Körper in Besitz. Ich erfülle JEDE Zelle meines Körpers mit vollkommener Gesundheit meines WAHREN Wesens. Ich spüre, wie das vollkommene Heilsein meines WAHREN Wesens alles Unheile in meinem Körper auflöst – wie mein Körper das vollkommene Heilsein meines wahren Wesens als vollkommene Gesundheit widerspiegelt. Ich fühle, wie vollkommenes HEILSEIN alles Unheile auflöst und mein Körper immer heiler wird. Ich spüre, wie Heilung dadurch STÄNDIG »geschieht«. Ich kann mein natürliches HEILSEIN auch auf bestimmte Organe lenken und wirken lassen, bis sich alles Unheile aufgelöst hat und auch mein Körper vollkommen gesund IST.

Das mache ich mit ALLEN Aspekten meines Lebens, um mich mit dem zu erfüllen, WAS ICH BIN. Das, was ICH BIN, ist VOLLKOM-MENHEIT auf allen Ebenen.

ICH BIN vollkommenes reines SEIN.

Ich war immer und werde immer SEIN.

Das Gesetz der Wahrnehmung

Wahrnehmung und Achtsamkeit sind eine Kunst, die wir üben und pflegen dürfen, damit wir mental entsäuern und dann auch auf Dauer in harmonischer Balance leben.

Denken ist von seiner Natur aus begrenzt und fehlerhaft, weil es nur aus den begrenzten Erfahrungen schöpfen kann. Wahrnehmung ist von ihrer Natur her umfassend und frei von Fehlern. Sie lässt nichts weg und fügt nichts hinzu, sondern nimmt einfach nur das, was IST, wahr.

Wahrnehmung ist nur in »Gedankenstille« möglich und solange die »Leitung« durch Denken besetzt ist, KANN Wahrnehmung nicht stattfinden. Das heißt, wir nehmen zwar STÄNDIG wahr, aber da die Leitung besetzt ist, kann die Wahrnehmung nicht in unser Bewusstsein treten. Der erste Schritt zur Wahrnehmung ist also, Gedankenstille herzustellen. Dazu bietet sich ein einfacher Weg an:

Ich konzentriere die Vielfalt meiner Gedanken auf einen Punkt und beobachte meinen Atem. Ich verändere nichts, sondern beobachte einfach nur. Kommt ein anderer Gedanke, sage ich: »Jetzt nicht, jetzt beobachte ich nur meinen Atem.« Das mache ich so lange, bis das mein einziger Gedanke ist. Ich BIN der stille Beobachter meines Atems.

Wenn das wirklich mein EINZIGER Gedanke ist, lasse ich auch diesen Gedanken los und erlebe Gedankenstille. Worauf ich jetzt mein Bewusstsein richte, das nehme ich wahr. Ich sollte aber darauf achten, dass ich nicht gleich wieder darüber nachdenke, sonst muss ich wieder von vorne anfangen.

Es geht darum, seine Aufmerksamkeit nicht mehr durch die Gedanken lenken zu lassen, sondern die Gedanken zu beobachten. Indem wir die Gedanken beobachten, werden wir zum BEOBACHTER. Eine neue Dimension von Bewusstsein entsteht. Sobald wir der BEOBACHTER sind, verlieren die Gedanken ihre Macht über uns. Es ist das Ende des unbewussten und zwanghaften Denkens. Als Beobachter können wir jederzeit eingreifen und die Qualität der Gedanken bestimmen.

Erst in der Gedankenstille beginnt die Wahrnehmung. Plötzlich erkennen wir die Wirklichkeit hinter dem Schein. Es kommt zur Ein-Sicht und dem unmittelbaren Erleben des Seins.

Wenn wir vom Denken zur Wahrnehmung kommen, erkennen wir, dass die Intelligenz des Bewusstseins, das ICH BIN, dem Intellekt des Verstandes unendlich weit überlegen ist. Das Bewusstsein kann komplexe Zusammenhänge praktisch in »Null-Zeit« erfassen und die »Wirklichkeit hinter dem Schein« erkennen. Es ist ein ganz anderes Wissen, als es das Verstandeswissen ist. Es ist eher ein Erkennen, oft sogar ein Erinnern. Es ist letztlich das Bewusstwerden der Unendlichkeit des eigenen SEINS und das bewusste Erleben, selbst ein ungetrennter Teil dieses EINEN SEINS zu sein, das sich der Individualität seiner selbst bewusst wird.

Gehen Sie so oft wie möglich, mehrmals täglich in dieses erweiterte Bewusstsein und in die Wahrnehmung und wenn Sie bereit sind, BLEIBEN Sie STÄNDIG »bei Bewusstsein« und in der Wahrnehmung SELBST. Tun Sie es bei ALLEM, was Sie gerade tun. Lassen Sie Ihr Tun aus der Wahrnehmung und aus dem Bewusstsein heraus »geschehen«. Dann erst sind Sie wirklich zu Bewusstsein gekommen.

Neben der Wahrnehmung spielen die Achtsamkeit und Aufmerksamkeit eine große Rolle. Achtsamkeit bedeutet immer ganz präsent im

JETZT zu sein und zu erkennen, was der Augenblick von uns möchte, welche Chancen vor uns liegen, welche Botschaften das Leben schickt. Achtsamkeit und Stimmigsein bedeutet ICH SELBST zu sein. Sobald ich mein Bewusstsein auf mein Stimmigsein richte, bin ich schon fast drin, es ist nur noch ein Schritt. Falle ich aus der Achtsamkeit, bin ich im »Ich«, im Ego und damit in der Trennung. Dann mache ich mir diese Trennung bewusst und richte meine Aufmerksamkeit auf die Einheit des Selbst.

Das, worauf wir unsere Aufmerksamkeit richten, verstärkt sich und nimmt breiten Raum ein und führt zu Fülle. Das funktioniert in beide Richtungen, sowohl im positiven wie auch im negativen Bereich. Viele Menschen haben das bereits erfolgreich verwirklicht, wenn auch in unerwünschter Form: Sie haben sich eine Fülle an Problemen, Belastungen, Ärger und Krankheit kreiert. Die Erklärung ist, dass sie ihre Aufmerksamkeit auf Probleme, Sorgen und Leid gerichtet haben und dauerhaft halten. Da Energie der Aufmerksamkeit folgt, hat die Schöpferkraft die den Gedanken entsprechenden Umstände in das Leben dieser negativ denkenden Menschen gezogen. Die Folge ist mentale Übersäuerung.

Durch Achtsamkeit und Klarheit nehmen wir die richtigen Gedanken in unser Bewusstsein und richten unsere Aufmerksamkeit auf das Gewünschte und bewirken so mentale Entsäuerung. Wir erkennen Chancen, die das Leben uns in jedem Augenblick bietet, und nutzen sie, um das Leben spielerisch und voll Freude zu genießen. Wir können jederzeit unsere Lebensumstände beeinflussen und verändern, wenn wir unsere Aufmerksamkeit entsprechend ausrichten. Es ist sehr wichtig, womit wir uns befassen, mit welchen Menschen wir uns umgeben und in welchem Umfeld wir uns hauptsächlich bewegen.

Das bewusste Richten unserer Aufmerksamkeit ist ein wesentliches Mittel, um unsere Gesundheit und unser Wohlbefinden zu beeinflussen. Wir haben es selbst in der Hand, indem wir wählen, was wir erleben wollen und wie unser Traumleben aussieht. Jeder Traum kann Wirklichkeit werden. Wünsche bekommen Kraft zur Verwirklichung, wenn wir nicht einfach nur wünschen, sondern die Aufmerksamkeit ganz bewusst auf das richten und gerichtet halten, was wir verursachen wollen. Wir tun dies so lange, bis das Ziel erreicht ist.

Wenn wir ein Ziel haben, dann denken wir nicht »Ach ja, das wäre schön, aber man kann ja nicht alles im Leben haben« oder »Wenn es denn so einfach wäre«. Das ist Abbestellen. Wichtig ist vielmehr die Gewissheit, dass wir das bekommen und erreichen, was wir in unser Bewusstsein genommen haben. Dazu gehören ein fester Glaube, dass es bereits geschehen ist, und eine Haltung der Dankbarkeit und Freude.

Wir dürfen uns vollkommene Gesundheit wünschen. Dazu richten wir unsere Aufmerksamkeit auf unsere Gesundheit. Wir sehen unseren Körper in vollkommener, strahlender Gesundheit. Wir tun dies auch und insbesondere, wenn dies gerade nicht so sein sollte, wenn wir Verletzungen oder Schmerzen haben. Wir ziehen vielmehr die Aufmerksamkeit ganz bewusst von den Schmerzen ab und richten sie auf den Zustand vollkommener Gesundheit und auf ein starkes Wohlgefühl. Wir bestimmen, in welche Richtung wir unsere Gedanken und Aufmerksamkeit lenken.

Wenn wir unsere Gedanken und unsere Aufmerksamkeit entsprechend ausrichten, dann erwacht der Riese in uns. Genau um dieses Geheimnis geht es in dem orientalischen Märchen *Aladins Wunderlampe*. Die Geschichte berichtet davon, wie der Jüngling Aladin eine unscheinbare Messinglampe erwirbt. Als er die alte Leuchte etwas aufpolieren will, offenbart sie ihm ein erstaunliches Geheimnis: Nach dem Reiben an dem alten Metall erscheint eine riesige Gestalt, die sich als »Geist der Lampe« vorstellt. Dieser Riese verkündet dem Jüngling, dass er ihm von nun an zu Diensten sei und alles, was er befohlen bekomme, ausführe.

Nur ein Märchen? Ja, das mag sein, aber eines mit einem tiefen Symbolgehalt. Solche Geschichten wurden früher nicht nur erzählt, um die Leute zu unterhalten, sondern um zum Nachdenken anzuregen, sie zu unterrichten und vor allem einzuweihen! Die großen Weisheitslehrer hüllten ihre Mitteilungen oft in Gleichnisse, die dem unerwachten Zuhörer nichts bedeuteten, dem Wissenden aber zur wertvollen Wegweisung für sein Leben wurden.

Was uns das Märchen von Aladin und seiner Wunderlampe sagen will, ist das Folgende: Jeder Mensch ist ein Al-adin, ein Geschöpf Gottes.

»Al« oder »El« heißt »Gott«. Aladin bleibt so lange schwach und un-
erleuchtet, bis er sich daranmacht, seine unscheinbare Lampe zu bearbeiten, sich ihrem ursprünglichen Sinn zuzuwenden. Der unerwachte,
schlafwandelnde Mensch lebt nur im Äußeren und ist dem Materiellen zugewandt. Er beklagt Zu- und Umstände, in denen er lebt, ist sich
jedoch nicht bewusst, dass er sie selbst herbeigeführt hat.

Die Lampe ist das Bild der Erleuchtung. In dem Moment also, in dem
Aladin damit beginnt, nach Erleuchtung seiner Lebensumstände zu
verlangen, erscheint ihm der »Geist der Lampe«, die Macht der Erleuchtung, der dienstbare Riese.

Voller Erstaunen erfährt das scheinbar schwache Menschlein, dass es
eine Macht in sich trägt, von der es bislang nichts ahnte. Aladin braucht
nur zu wünschen und schon lässt der große Helfer den Wunsch Wirklichkeit werden. Der Riese ist immer dann zur Stelle, wenn die Lampe
betätigt wird. Dann muss dem Helfer gesagt werden, was er tun soll.

Wichtig: Die Lampe muss also gerieben bzw. betätigt werden und dem
geistigen Riesen muss mitgeteilt werden, was für einen Wunsch er denn
erfüllen soll. Das sind zwei Grundbedingungen, die der erwachende Er-
folgsmensch auch in seinem Leben nicht übersehen darf, wenn er denn
davon Gebrauch machen möchte. Die Lampe zu betätigen heißt, ich
muss die gefundene Wahrheit glauben und in die Tat umsetzen wollen. Reich wird man nicht durch die Erkenntnis, dass es viel Geld gibt
oder immerwährende Gesundheit, sondern dadurch, dass man damit
beginnt, es für sich selbst zu erwarten. Diese Erwartungshaltung ist die
erste Voraussetzung. Dann muss der Wunsch ausgesprochen werden,
genauso wie im Märchen. Aladins Riese bleibt so lange untätig, wie er
nicht durch den genau definierten Wunsch den Auftrag erhält, um aktiv
zu werden. Ohne diese Festlegung wird er ein schlafender Riese bleiben.

Nachfolgend noch einige Anregungen, was den Geist aus der Flasche
befreit: Glaube, Freude, Gesundheit, Fülle, Wohlgefühl, Erfüllung,
Glück.

So könnten wir uns ganz bewusst für den Weg der Vollkommenheit
und Erleuchtung entscheiden. Denn Vollkommenheit und Erleuch-

tung sind unser wahres Wesen. Evolution ist, sich dessen immer mehr und letztlich wieder vollkommen bewusst zu werden. Erinnern heißt, seine eigene Vollkommenheit mehr und mehr zu »ent-decken« und zu erleben. Die eigene Größe zu erkennen und zu entdecken: Ich bin die ganze Zeit am Ziel. Das Höchste, was ich mir vorstellen kann und weit mehr, BIN ICH bereits. Ich bin nur in die Begrenzung der menschlichen Erfahrung gegangen, um mir die eigene Vollkommenheit bewusst zu machen und zu erleben. Er-innern heißt also, im Bewusstsein der Vollkommenheit, aus dieser inneren Wirklichkeit heraus zu leben – sie wirken zu lassen. Als ungetrennter Teil des EINEN BEWUSSTSEINS zu leben und meine Absicht, hier zu sein, zu erkennen und zu verwirklichen.

Ich muss nicht mehr vollkommen und erleuchtet WERDEN, ich muss endlich anfangen, ES ZU SEIN. Da ist kein Hindernis, nichts, das ich erst noch abwarten müsste. Das Abenteuer des Lebens kann und sollte IN DIESEM AUGENBLICK beginnen. Voraussetzung zum Er-innern ist der Glaube, dass da etwas zu erinnern ist, und die Gewissheit, dass ich es erreichen kann, ja, dass ich es BIN. Dass ich in Wirklichkeit nie den Kontakt verloren habe, nie verlieren kann, denn das ist das Einzige, was ich wirklich bin. Dass ich nur in die »Illusion der Trennung« gegangen bin, die in Wirklichkeit nie bestand.

Er-innern bedeutet, durch die verschiedenen Identifikationen hindurchzusehen und hindurchzugehen. Es ist die Erinnerung an die Wirklichkeit, die die Quelle aller Dinge ist.

Ich kann mich aber auch über das Außen er-innern, denn diese Wirklichkeit ist das Wesentliche JEDER Illusion. Und so kann ich die eine Wirklichkeit ÜBERALL finden. So kann ich mich »in alles hineinerinnern« und seinen Ursprung erkennen, und dann finde ich MICH. Er-innern heißt zu erleben: ICH BIN der Ursprung von ALLEM, was ist.

Er-innern heißt, als der zu LEBEN, der ich in Wirklichkeit bin. Das heißt in die Vollmacht und damit in die Allmacht zurückzukehren. Mein Leben und meine Zukunft und alle Umstände nach Belieben zu gestalten, aber mich auch als Mitschöpfer des Ganzen zu erkennen und die Schöpfung mitzugestalten. Er-innern heißt wahrnehmen, wieder IN und AUS dieser Wirklichkeit zu leben, zu handeln – zu SEIN. Letztlich heißt er-innern »ankommen bei sich selbst, als Selbst.«

Das Wunder des Augenblicks

im JETZT wahrnehmen!

Das Gesetz des Vertrauens

Die Macht des Urvertrauens ist ein wichtiger Schlüssel zur mentalen Entsäuerung und damit zur umfassenden Gesundheit. Die tiefe Zuversicht, die aus dem Urvertrauen kommt, schafft die Energie der Gewissheit, dass alles gut ist, und verursacht gleichzeitig die entsprechenden Ereignisse, sodass wirklich alles gut ist. Dieses Urvertrauen ist ein großartiges Geschenk, das uns durch unser ganzes Leben begleitet, uns den Weg ebnet und unser ganzes Leben verwandelt, ja verzaubert.

Das Urvertrauen entsteht in der Persönlichkeit, wenn wir in den ersten Monaten unseres Lebens positive Erfahrungen machen, Ermunterung und Bestätigung erfahren. Die Welt meint es gut mit mir. Das Leben will mir von allem mehr geben. Ich bin nach dem »Ebenbild Gottes« geschaffen.

ALLES will mir nur dienen und helfen. Leben heißt »wählen« und mein Leben zeigt, was ich gewählt habe. Realität ist eine Tatsache, aber JEDERZEIT bereit, JEDE gewünschte Form anzunehmen. Ich kann in einer ganz schwierigen oder gar aussichtslosen Situation sein, das ist ohne jede Bedeutung. Es ist immer nur eine interessante Aufgabe, denn ich kann ALLES JEDERZEIT ändern, indem ich eine andere Ursache setze.

Wenn wir »zu Bewusstsein« gekommen sind, ist das Urvertrauen ein Teil unseres wahren Wesens und muss nicht durch äußere Erkenntnisse erworben werden. Daher ist es empfehlenswert, so schnell wie möglich »zu Bewusstsein« zu kommen, weil dadurch das Leben um vieles leichter und einfacher wird.

Die »Macht des Urvertrauens« erzeugt durch die »Energie der Gewissheit der Erfüllung« bei ALLEM, was ich verursache, dass es ganz sicher als meine erlebte Realität »in Erscheinung« tritt. Es macht aus JEDEM Vorhaben einen Erfolg, wenn ich die Beharrlichkeit habe, vorher einfach nicht aufzuhören, bis die Sache wieder einmal erfolgreich abgeschlossen werden konnte. Dadurch wird mein persönlicher Erfolg absolut »unvermeidbar«. Es ist ein wunderbares Gefühl, sich sicher sein zu können, dass JEDES Vorhaben immer zum Erfolg führen kann.

Zum Gesetz des Vertrauens und der Zufriedenheit gehört die Erkenntnis, dass immer genau das Richtige zur rechten Zeit geschieht, so wie wir es durch unser Sosein verursacht haben. Dabei dürfen wir auch erkennen, dass die richtige Zeit immer JETZT ist. Nur im Jetzt, in diesem Augenblick, habe ich es in der Hand, mein Leben zu bestimmen. Was möchte ich tun und erleben? Was stimmt jetzt in diesem Moment? Denn Leben findet nur jetzt statt. Wir können nicht vorhin und nachher leben, sondern immer nur jetzt.

Auf was es ankommt, ist jeden Augenblick mit Freude zu erfüllen. Sehr hilfreich für eine ständige Harmonie ist die geistige Haltung der »heiteren Gelassenheit«. Dieses »sonnige Gemüt« ist eine wunderbare natürliche Medizin und verhindert mentale Übersäuerung.

Wer zufrieden und voll Vertrauen in sich ruht, hat erkannt, dass das Leben ein Spiel ist, bei dem wir nur gewinnen können. Dabei sind Gewinn oder Verlust ganz gleichgültig, weil wir durch einen Verlust mehr bekommen können als durch einen Gewinn: nämlich Erfahrungen, Erkenntnis und Weisheit. Es ist nicht entscheidend, was geschieht, sondern wie wir damit umgehen. Egal, was uns widerfährt, wir haben die Wahl, wie wir darauf reagieren: sauer oder souverän.

In der inneren Haltung des Vertrauens und der Zufriedenheit wissen wir, dass alles gut ist, so wie es ist, denn alles will uns nur dienen und helfen, wenn wir richtig damit umgehen.

Zum Gesetz des Vertrauens und der Zufriedenheit gehört, dass wir in einer ständigen inneren Freude leben. Jeder Mensch trägt in sich das Potenzial zu diesem dauerhaften, stillen inneren Zustand und er hat auch die Fähigkeit, diese Freude zum Ausdruck zu bringen. Diese ständige innere Freude kann natürlich gelegentlich auch einen lauten Ausdruck finden, aber laute Freude, die ständig geschieht, lässt uns flach werden, während eine stille innere Freude unserem Sein Tiefe gibt. Dabei ist es wichtig, dass wir diese Freude auch wirklich fühlen. Viele Menschen haben es sich angewöhnt, ihre Freude nur noch zu denken. Aber erst das gefühlsmäßige Erleben der Freude erfüllt uns wirklich mit Freude. Richten Sie doch einmal in diesem Moment Ihr Bewusstsein auf das, was Sie in diesem Augenblick gerade fühlen. Sie können die ständige Veränderung Ihrer Gefühle achtsam wahrnehmen. Dabei werden Sie feststellen, dass diese Gefühle nicht unbedingt einen Anlass haben.

Wir haben uns angewöhnt, uns nur zu gestatten, uns zu freuen, wenn ein entsprechender Anlass vorliegt: wenn das Wetter besonders schön ist oder eine angenehme Situation vor uns liegt. Wir haben so verlernt, uns einfach ohne jeden Anlass zu freuen, denn Grund hätten wir genug, um ständig in Freude zu sein.

Alleine schon die »Ästhetik des Handelns« zu entdecken, die die Japaner mit der Teezeremonie vollkommen zum Ausdruck gebracht haben, wäre eine Bereicherung und vielleicht auch eine Notwendigkeit. Indem ich mich einmal ganz auf das einlasse, was ich gerade tue, bekommt dieses Tun eine Tiefe, eine Bedeutung und erzeugt diese stille, innere Freude und Zufriedenheit.

Aber nicht nur das Handeln oder Geschehnisse müssen der Auslöser sein, alleine schon hier auf der Erde oder hier an der Stelle, an der man gerade ist, zu sein, ist Anlass genug für eine ständige tiefe Freude. Sich einmal bewusst zu machen, ewig zu sein, ein unsterbliches Bewusstsein, ist Grund genug, um Freude und Vertrauen in das Leben zu empfinden. Welten können kommen und gehen, sich wandeln, ich aber BIN, ganz gleich, was im Außen geschieht. Ich kann das als ernst oder traurig erleben oder einfach erfüllt sein von dieser ständigen, tiefen inneren Freude, die keinen besonderen Anlass braucht. MEIN SEIN ist Grund genug dafür.

Natürlich kann ich mir auch absichtlich eine Freude machen, indem ich einem anderen eine Freude oder ihm ein Geschenk mache. Das muss gar nichts sein, was Geld kostet, und kann doch etwas ganz Wertvolles sein, ein Kompliment, eine Anerkennung. Ich kann dem anderen Zeit schenken, Aufmerksamkeit oder kann ihm einfach meine Liebe schenken. Ich kann mich selbst ganz bewusst bereichern, indem ich andere beschenke, und mir selbst damit eine Freude machen.

Ich kann mir aber auch direkt eine Freude machen und meine Zufriedenheit steigern, indem ich mich einmal verwöhne, mir Zeit nehme für ein gutes Buch, um Musik zu hören, ein Bad nehme oder mit Freunden gemütlich essen gehe. Indem ich gute Gedanken denke oder meine Aufmerksamkeit auf diese innere Freude richte und mich an meiner eigenen Freude erfahre, erfahre ich mich bewusst.

Ich kann aber meine Aufmerksamkeit auch darauf richten, welche Freude mir das Leben gerade macht, und erkennen, dass das Leben mir im Laufe eines jeden Tages unzählige Momente der Freude bereitet. Wenn ich nicht bewusst hinsehe, kann ich diese Freuden vielleicht gar nicht erkennen. Genau genommen macht mir das Leben in JEDEM Augenblick eine Freude, ich muss sie nur wahrnehmen können.

Ich nehme Freude wahr, indem ich mein Bewusstsein auf den Augenblick lenke und mich frage: »Welche Freude macht mir das Leben in DIESEM Augenblick?« Dann werde ich erkennen, dass es sogar mehrere Freuden gleichzeitig sind, und darüber zufrieden und dankbar und voll Vertrauen in alles sein. So könnte Freude ein Teil meines Lebens werden und ein ständiger Begleiter meines Lebens sein, der mich ALLES, was geschieht, intensiver und mit mehr Freude erleben lässt. Mit der Zeit lerne ich vielleicht sogar, mich an unangenehmen Dingen zu erfreuen, ja einfach an ALLEM, was gerade geschieht. Ich lerne mich an ALLEM bedingungslos zu erfreuen und so in dieser ständigen, stillen inneren Freude zu leben, die mich ständig durch mein Leben begleitet.

Diese stille innere Freude ist einer der kraftvollsten Schlüssel zur mentalen Entsäuerung. Wenden wir ihn doch ganz einfach ganz bewusst im Alltag ständig an. Ich kann mich über meinen Partner freuen, meine Kinder, meine Familie, meine Freunde, über meinen Beruf, meine Gesundheit und alle Möglichkeiten. In diesem Zustand der stillen inneren Freude erkenne ich, dass meine Möglichkeiten in JEDEM AUGENBLICK grenzenlos sind. Ich stehe in jedem Augenblick vor grenzenlosen Möglichkeiten, diesen Augenblick und damit meine Zukunft zu gestalten. Ich kann mir voller Freude bewusst machen, womit ich diesen Augenblick am liebsten erfüllen kann, um ihn voller Freude zu genießen. Je mehr ich diese Freude erlebe und genieße, umso mehr Lebensfreude entsteht – unabhängig von irgendwelchen Umständen. Und so verabschiedet sich das Sauersein von Tag zu Tag mehr aus meinem Leben.

Dabei ist es wichtig, darauf zu achten, diese Freude und das tiefe Vertrauen nicht nur zu denken, sondern es wirklich zu fühlen, immer tiefer und intensiver.

Wir können das ganz praktisch üben, indem wir unser Bewusstsein auf etwas Unangenehmes, das uns normalerweise sauer macht, richten und gleichzeitig in dieser tiefen inneren Freude und in diesem Vertrauen bleiben. Machen Sie sich bewusst, wie unbedeutend dieses Unangenehme im Grunde ist und dass es gar nicht darauf ankommt, ob uns Dinge angenehm oder unangenehm sind. Worauf es ankommt, ist, alles bedingungslos und intensiv zu erleben, sich ganz darauf einzulassen. Angenehm oder unangenehm ist nur ein Urteil, das wir jederzeit ändern können.

Der Sinn ist, Leben in seiner ganzen Tiefe zu erfahren, ganz gleich, WAS gerade im Außen geschieht. Außerdem haben wir als Schöpfer ja ohnehin jederzeit die Möglichkeit einzugreifen und die Dinge nach unseren Wünschen zu gestalten. Aber wir können das Leben auch einfach annehmen, wie es kommt, und voller Freude und Vertrauen genießen. Dann werden wir überrascht erleben, dass diese Änderung unserer Grundhaltung unser ganzes Leben verändert. Diese grundlegende Veränderung zieht nämlich nach dem Gesetz der Resonanz ganz andere Dinge in unser Leben: stille innere Freude und Vertrauen bringen Menschen und Situationen, die Anlass zu noch mehr Freude geben.

Was Freude und Zufriedenheit behindert oder gar verhindert, sind oftmals Glaubenssätze, zum Beispiel dass man einen Anlass für Freude braucht oder nicht gut genug sei, um diese Freude genießen zu dürfen. Machen wir uns bewusst, wie sehr Freude unser Leben und das unserer Mitwelt bereichert. Letztlich können wir uns vielleicht sogar ÜBER unsere Freude freuen, uns von der eigenen Freude verwandeln lassen und so immer mehr der werden, der wir sind, so wie wir vom Schöpfer gemeint sind. So wird die Freude, von der wir uns führen lassen, zu einem Weg zu uns selbst, zu unserem Selbst – dem wahren Sein.

Mein wahres Wesen

IST höchste Freude und Vertrauen!

Das Gesetz des Friedens

Ein wichtiger Schritt, um in Harmonie zu kommen und damit zu einem ausgeglichenen Säure-Basen-Haushalt, ist das Gesetz des Friedens und der Freiheit. Ein Schlüssel dazu ist das Verzeihen. Solange wir noch einen Groll gegen jemanden hegen und diesem Menschen etwas nicht verzeihen können, können wir auch nicht in Balance mit uns sein. Aufgestauter Groll kommt einer Selbstbestrafung gleich. Es ist darum in unserem eigenen Interesse, diesen Groll aufzulösen und so wirkungsvoll mental zu entsäuern.

Interessant ist es auch, den Mechanismus hinter dem Groll zu erkennen. Bevor wir einem anderen etwas zu verzeihen haben, müssen wir ihn verurteilt haben. Mit jedem Bewerten, Urteilen und Verurteilen verursachen wir Trennung. Sobald wir einfach achtsam wahrnehmen, was ist, ohne darüber ein Urteil zu fällen, gibt es nichts mehr zu verzeihen.

Machen wir uns bewusst: Jeder Mensch ist anders und jeder hat seine Sichtweise und seine Art, das Leben zu meistern. Es gibt dabei kein Besser und kein Schlechter. Darum darf jeder so sein, wie er ist. Und wenn ein anderer Mensch in unseren Augen einen Irrtum begangen hat, erkennen wir, dass Menschen nicht perfekt sind und darum auch Fehler machen dürfen. Auch uns unterläuft ab und zu ein Missgeschick. Verzeihen heißt, dem anderen keinen Vorwurf mehr zu machen, dass er nicht vollkommen ist. Dies tun wir in der Erkenntnis, dass auch wir nicht vollkommen sind. So wie wir dem anderen verzeihen, so verzeihen wir uns auch selbst.

Sich selbst verzeihen können ist ein wichtiger Schlüssel zur Selbstheilung, zum inneren Frieden und zur mentalen Entsäuerung. Sich selbst zu verzeihen ist ein Ausdruck der Selbstannahme und Selbstliebe und Voraussetzung dafür, dass ich auch einem anderen verzeihen und ihn so lieben kann, wie er ist. Auch und gerade in seiner Unvollkommenheit.

Im selben Augenblick, in dem wir dem anderen keinen Vorwurf mehr machen, löst sich diese Disharmonie in unserem Energiefeld auf. Unsere energetische Signatur verwandelt sich und wir strahlen Frieden aus. Nach dem Gesetz der Resonanz ziehen wir damit automatisch Friedfertiges in unser Leben. Es genügt dabei nicht, dass das Verzeihen ein Lippenbekenntnis ist. Auf was es ankommt, ist die innere Haltung und dass wir wirklich dem anderen vollkommen verzeihen und vergeben.

Mit dem kinesiologischen Armtest kann man leicht prüfen, ob die Vergebung auch wirklich erfolgreich vollzogen wurde. Für diesen Test stellen wir uns hin und halten einen Arm waagerecht zur Seite. Wir bitten einen Freund um Assistenz für den Test. Er drückt nun ganz leicht mit der Hand auf unseren Arm und prüft, wie stark die Kraft ist, die den Arm hält. Nun denken wir an den anderen und dass wir verziehen haben. Nun drückt der Freund erneut auf unseren Arm. Gibt der Arm nach, weil unsere Kraft plötzlich schwächer geworden ist, dann bedeutet das, dass das Verzeihen (noch) nicht erfolgreich war. Wir dürfen dann nochmals wahrhaftiges Verzeihen praktizieren. Ist der Arm beim Testen dagegen stärker, dann ist das ein klarer Hinweis, dass das Verzeihen vollzogen ist. Wir erkennen dadurch, dass Vergebung ein Weg zu Stärke und Gesundheit ist.

Um im Einklang mit dem Gesetz des Friedens zu leben, ist es auch ratsam, die Bilanz meines Lebens zu ziehen. Irgendwann, möglichst früh im Leben, sollte ich mich fragen, ob ich auf dem richtigen Weg bin. Ich darf mich fragen, was mein Lebensziel ist und ob der bislang eingeschlagene Weg wirklich zum Ziel führt:

- Was ist bereits erfüllt, was kann losgelassen werden, was ist noch offen und was sollte noch verwirklicht werden?
- Warum bin ich?
- Warum bin ich so, wie ich bin?
- Warum bin ich hier?
- Was ist meine Aufgabe und wie erfülle ich sie?
- Wie bin ich und wie sollte ich sein (= wie bin ich vom Schöpfer »gemeint«)?
- Woher kommen meine Lebensumstände?
- Warum sind sie nicht optimal?

Wir haben gelernt, unsere Lebensumstände zu beschreiben, aber wir haben nicht gelernt, sie zu beherrschen. Wir sind Schöpfer der Lebensumstände, aber leben wie Opfer der Umstände, die wir selbst geschaffen haben und jederzeit ändern können. Wir fragen uns darum:

- Was will ich im Leben erreichen? Und warum?
- Was möchte ich loslassen?
- Was fehlt mir wirklich?
- Welche Wünsche sind noch offen?
- Wie kann ich sie erfüllen?
- Welche Absichten und Aussichten habe ich noch?
- Was spielt die Hauptrolle in meinem Leben?
- Stimmt das so für mich?
- Welchen Wunschtraum habe ich?
- Was ist zur Erfüllung zu tun?
- Welche Hindernisse, Chancen und Hilfen gibt es?
- Was ist der erste Schritt?
- Wann bin ich bereit, ihn zu tun?

Wir sind im Einklang mit dem Gesetz des Friedens, wenn wir am Ende unseres Lebens sagen können: »Ich habe wirklich gelebt. Es war ein schönes Leben, ein reiches Leben, ein erfülltes Leben.« Je früher Sie dies aus tiefstem Herzen sagen können, umso schöner ist Ihr Leben. Fangen Sie JETZT damit an.

Frieden ist Liebe

und Harmonie auf allen Ebenen des Seins.

Das Gesetz der Ausgewogenheit

Wann waren Sie das letzte Mal rundum erholt? Daran erinnern Sie sich nicht? Sie sind oft müde und erschöpft? Sie fühlen sich einseitig belastet und vermissen Ausgewogenheit, das Gefühl innerer Balance? Dann können Sie sich wahrscheinlich gar nicht vorstellen, dass es auf diesem Planeten Menschen gibt, die kein Wort für »ermüdet« besitzen. Und doch hat die bekannte amerikanische Anthropologin Margaret Mead ein solches Volk kennengelernt. Dabei handelt es sich aber keineswegs um Faulpelze.

Die Balinesen, so schrieb Margaret Mead Ende der Fünfzigerjahre, arbeiten viele Stunden in gleichmäßigem Tempo. Sie unterbrechen jedoch ihre Arbeit willkürlich, um zu rauchen, Betel zu kauen, zu bummeln, mit dem Baby zu spielen oder ein paar Takte auf einem der Instrumente zu spielen, die immer zur Hand sind. Oder sie machen für ein paar Minuten einen »Spaziergang, um zu vergessen«, und arbeiten dann weiter.

Ohne es zu wissen, haben die Balinesen aber auch andere pazifische Stammeskulturen, deren Arbeits- und Erholungsverhalten Margaret Mead studiert hat, Erkenntnisse der modernen Arbeitsphysiologie praktisch angewandt: Öfter eingelegte Pausen von weniger als 15 Minuten erfrischen Körper, Seele und Geist und verhindern, dass sich Ermüdung im Körper aufstaut.

Die Arbeitsphysiologie erklärt auch, warum gerade Kurzpausen so erholungswirksam sind: weil bereits in der ersten Hälfte einer Pause die Ermüdung auf nur ein Viertel ihres anfänglichen Wertes sinkt. Wer bei der Arbeit mehr kurze Pausen macht statt wenige lange, nutzt also häufiger die hohe Erholungsgeschwindigkeit zu Beginn einer Pause aus und kann weniger ermüdet seine wertvolle Freizeit genießen.

Das Beispiel der Balinesen zeigt aber noch etwas: Arbeit und Erholung scheinen bei ihnen ein rhythmisches Ineinanderschwingen zu sein. Es gibt keine harte Trennung, wie wir sie kennen: hier Arbeit, dort Freizeit. Die Übergänge sind fließend. Jeder Balinese weiß selbst am besten, wann er eine kleine Erholung nötig hat, und gönnt sie sich. Das ist auch der Grund, warum Balinesen keinen Urlaub kennen und ihn auch nicht brauchen. Sie kennen auch kein Wort für »müde«, weil sie häufig kleine Pausen machen. Für sie ist Arbeit Freude und »Gottesdienst«.

Auch wir sollten die Fähigkeit entwickeln, jederzeit sofort in den Leerlauf schalten zu können und so ständig in einem Zustand der Ausgewogenheit zu ruhen.

Zur Förderung der inneren Balance können wir eine gezielte Übung einsetzen, die den Kopf energetisch harmonisiert. Zugleich erweitert diese Technik das Bewusstsein, steigert Kreativität, Intelligenz und Konzentrationsfähigkeit. Lassen Sie sich von dem angenehmen Wohlgefühl überraschen:

– Zunächst lockern wir die Pfeilnaht. Sie befindet sich mitten auf dem Kopf und teilt die Schädeldecke in zwei Hälften. Wir legen die linke Hand auf die linke Kopfseite und die rechte Hand auf die rechte Kopfseite. Nun setzen wir die gespreizten Fingerspitzen fest an die Naht und versuchen sie scheinbar auseinanderzuziehen. Sollte die Haut spannen, dann ziehen wir die Seiten abwechselnd.

– In einem zweiten Schritt folgt das sogenannte diagonale Drücken. Am Hinterhaupt befindet sich an der Stelle, an der der Kopf in den Hals übergeht, auf beiden Seiten ein Höcker. Nun legen wir zuerst die rechte Hand mit dem Handballen unter den Höcker der rechten Seite und halten mit der linken Hand diagonal an der Stirn dagegen und drücken die Schädeldecke scheinbar diagonal zusammen. Dann machen wir dasselbe mit der linken Seite. Insgesamt absolvieren wir diese Übung dreimal.

– Zum Abschluss der energetischen Harmonisierung für den Kopf wenden wir uns den Ohren zu. Wir massieren mit den Fingern beider Hände den Ohrrand mindestens 30 Sekunden lang oder länger so kräftig, dass es unangenehm ist und sie sich rot verfärben.

Danach sitzen wir eine Weile still und spüren, wie eine belebende Energie den Kopf erfüllt.

Das Gesetz der Ausgewogenheit ist auch entscheidend für uns, wenn wir eine erfolgreiche Persönlichkeit sein wollen. Das Wort »Persönlichkeit« kommt von »per sonare«. Das heißt aus dem Lateinischen übersetzt »das, was von innen nach außen tönt«. Ein Mensch, der nach dem Gesetz der Ausgewogenheit ein Leben in optimaler Balance führt, also nach innen und außen die richtige Geisteshaltung gefunden hat, dem fällt der Erfolg als logisches Endprodukt dieser Geisteshaltung ganz automatisch in den Schoß.

Ein Schlüssel dazu ist, Charisma zu entwickeln. Charisma ist die Ausstrahlung eines Menschen. Ausstrahlen kann nur etwas, das da ist: Das Wesen des Menschen, sein wahres SELBST. Die Ausstrahlung wird konzentriert, wenn sie sich in einer bestimmten Aufgabe, der Mission oder Berufung eines Menschen, ausdrückt.

Das Wort »Charisma« ist griechisch und bezeichnet die Fähigkeit, die Aufmerksamkeit auf sich zu lenken, dort festzuhalten und Erfolg zu haben.

Das Wort ist verwandt mit dem Wort »Charis«, der Göttin des Geheimnisvollen und der Nächstenliebe. Wir sprechen von Charisma, wenn ein Mensch eine starke Ausstrahlung hat und damit auf andere anziehend wirkt.

Charisma ist nicht an Alter, Geschlecht, Position oder Leistung gebunden. Es ist auch keine besondere Gabe, die ein freundliches Schicksal an wenige Auserwählte verteilt, vielmehr kann Charisma von jedem entwickelt werden und tritt ganz natürlich in Erscheinung, je mehr ich echt, ehrlich und authentisch bin, mit einem Wort: je mehr ich der bin, der ich in Wirklichkeit bin – ICH SELBST!

Ich habe viel Charisma, wenn ich ganz im Einklang mit mir selbst und dem Leben, das heißt auch dem Augenblick, bin, wenn ich »synchron« mit dem Zeitstrom lebe. Wenn ich voll im Lebensfluss stehe, ganz in meiner Mitte bin. Wenn mein Bewusstsein ganz weit ist und damit viele erreicht.

Ich habe kein Charisma, wenn ich ganz eng bin, wenn ich Angst habe, wenn ich mich nicht traue, ich SELBST zu sein. Wenn ich voll bin mit Bildern, Programmen, Vorstellungen und mich dadurch vom Leben entferne, von dem, was JETZT ist. In dieser Enge hat mein Wesen und damit das Leben keinen Platz, sich zum Ausdruck zu bringen.

Sobald ich mich wieder mit mir selbst, mit meinem wahren SELBST identifiziere und im Einklang mit mir lebe, wirkt mein ganzes Tun, mein ganzes Sein charismatisch.

Außer von Charisma hängt es von der ausgewogenen Mischung der folgenden Komponenten ab, ob wir ein glückliches, erfülltes, erfolgreiches und damit ausgewogenes Leben führen:
- starke Ausstrahlung (Charisma),
- Sicherheit und Selbstvertrauen,
- echte Autorität, Image und Prestige,
- gutes Aussehen,
- sympathische Erscheinung,
- gepflegte Kleidung,
- wohlklingende Stimme,
- gute Beobachtungsgabe,
- Geistesgegenwart,
- Kontaktfähigkeit,
- Einfühlungsvermögen,
- Güte,
- Geduld,
- Sympathie,
- Toleranz,
- positive Einstellung zu Menschen,
- Leistungsbereitschaft,
- Fachwissen,
- Organisation,
- Zeiteinteilung,
- pädagogisches Talent,
- Gelassenheit,
- Selbstdisziplin,
- Selbsterkenntnis,
- Motivation,

- Enthusiasmus,
- gutes Gedächtnis,
- Konzentration,
- körperliche Fitness,
- Fähigkeit zur Entspannung.

Nur wer selbst überzeugt ist, überzeugt auch andere. Nur wer selbst begeistert ist, begeistert auch andere. Wer aber nicht an sich selbst glaubt, der kann auch nicht erwarten, dass andere an ihn glauben.

Ein Leben in Balance bedeutet Harmonie,

die mich und andere erfüllt.

Das Gesetz der Herzensliebe

Das höchste Ziel ist ein Leben auf Herzensebene – In-der-Liebe-SEIN: Liebe geben und Liebe empfangen. Die Liebesfähigkeit eines Menschen zeigt die Reife seiner Seele. Die Liebe ist ein Weg, auf den man sich miteinander macht, um letztlich bei sich selbst anzukommen. Die Liebe ist der Lohn der Liebe.

Wir sind nicht auf der Welt, um geliebt zu werden, sondern um Liebende zu werden. Der Beginn der Liebe kann noch so zauberhaft sein, wie es weitergeht, bestimmen SIE selbst. Manche lernen sich kennen und heiraten dann, die meisten aber heiraten und lernen sich dann kennen – oft nicht einmal das und weil jeder nur mit seiner Vorstellung vom anderen lebt, lernt man sich nie wirklich kennen.

Wenn jemand meiner Vorstellung entspricht, heißt das nur, dass er meiner Vorstellung entspricht, nicht aber, dass er auch der »Richtige« ist. Der »ideale Partner« wartet bereits in Ihnen, um endlich »in Erscheinung treten zu dürfen«. Wenn Sie das entdecken, dann kann Ihre ideale Partnerschaft beginnen. Ich KANN dem anderen nur in dem Maße ein guter Partner sein, wie ich mir selbst ein guter Partner bin.

Die grundlegenden Ähnlichkeiten der Partner in einer Beziehung, die einander ergänzen, bilden das Fundament, die Unterschiede sorgen für Faszination. Eine Voraussetzung für ein glückliches Miteinander ist, sich sympathisch zu sein und »wohlwollend« zu leben. Liebe allein reicht aber auf Dauer nicht. Was eine glückliche Beziehung braucht, ist Achtung und Bewunderung, Vertrauen, Verständnis und gemeinsame Ziele. Machen Sie sich immer wieder das »Geschenk Ihrer Partnerschaft« bewusst und zeigen Sie Ihre Zuneigung TÄGLICH. Vor allem füllen Sie Ihr »Zärtlichkeitskonto« ständig auf.

Damit die Liebe Bestand hat, sollten wir die Angst, nicht geliebt zu werden, und den Wunsch zu besitzen loslassen. Eifersucht zeigt nur, wie unsicher und besitzorientiert man ist. Könnten wir einen Menschen nicht ebenso unproblematisch lieben wie einen Sonnenuntergang? Diesen nehmen wir ja auch so wahr und an, wie er ist.

In der Liebe wird aus dem ICH und DU ein WIR. Zur Liebe gehört aber auch, die »Kunst des Alleinseins« beizubehalten und die »Kunst des Loslassens« zu praktizieren. Nicht nur wenn es vorbei ist, auch solange wir in einer Beziehung sind, sollten wir stets ALL-EINS, eins mit ALLEM sein.

Die »Kunst zu lieben« ist ein Trainingsprogramm für das ganze Leben. Es lohnt sich, täglich zu trainieren, denn die Qualität unserer Beziehungen bestimmt die Qualität unseres Lebens. Dabei spielt die Beziehung zu unserem Partner bzw. unserer Partnerin die Hauptrolle. Führen wir eine Ehe, die von Streit, Sorgen und Problemen geprägt ist, dann ist klar, dass wir meistens ganz schön sauer sind. Wir fühlen uns belastet, gestresst und frustriert. Das Schöne ist, dass wir jederzeit die Macht haben, diese Situation zu ändern. Jeder verfügt über diese Kraft. Der Schlüssel ist, dass wir alle Erwartungen, wie der andere zu sein hat, sofort aufgeben. Der andere darf so sein, wie er ist.

Die einzige Chance, die Beziehung und das Miteinander zu verändern, ist, dass wir selbst uns verändern. In dem Moment, in dem wir ein idealer Partner sind, wird auch der andere ganz automatisch ein idealer Partner. Es genügt, wenn einer von beiden ein idealer Partner ist und den anderen so nimmt und annimmt, wie er ist. Einen Menschen zu lieben heißt, ihn so zu sehen, wie Gott ihn gemeint hat.

Die Schritte dorthin sind einfach. Wir machen uns bewusst, dass wir die besten Voraussetzungen für eine harmonische und dauerhafte Liebe haben, wenn uns das Glück des Partners ein wichtiger Teil des eigenen Glücks ist. Sein Wohlergehen liegt uns am Herzen und der Gedanke, gemeinsam den Lebensweg zu gehen und miteinander alt zu werden, erfüllt uns mit Freude.

Wenn wir den anderen als idealen Partner und in ihm das Höchste, das Wirken der Einen Kraft sehen, dann haben wir die ideale Partnerschaft verwirklicht. Das Höchste steht über jeder Kritik und jedem Änderungsversuch. Das Höchste ist einfach. Und so nehmen wir es in Liebe an.

Sie sind am Ziel, wenn Sie ein Liebender geworden sind. Ganz gleich, was an Aufgaben und Schwierigkeiten in Ihrem Leben auftaucht, die Antwort ist Liebe. Wer ein Leben in Liebe verwirklicht hat, hilft dem anderen, dass er auch dieses Ziel erreicht. Am glücklichsten ist die Beziehung von zwei Glücklichen.

Eine ganz neue Qualität kehrt auch in unseren Geist und damit in unser Leben ein, wenn wir die »vergessene Kunst des Segnens« kennen und anwenden. Sie ist eine starke Anweisung an das Leben und ein wichtiger Schlüssel zur Bestimmung der Zukunft. Früher war den Menschen die Macht des Segnens noch bewusst. So war es undenkbar, ohne den Segen der Eltern zu heiraten, und in der Bibel wird die Geschichte von Esau erzählt, der sich den Segen des Vaters erschlich. Auch heute »segnet« noch manche Bauersfrau das Brot, indem sie ein Kreuzzeichen mit dem Messer auf der Rückseite des Brotes macht. Aber das ist eher ein unbewusstes Ritual als ein wirksamer Segen.

Ein Segen, der ehrlichen Herzens ausgesandt wird, ist die reinste und feinste Form von Gedankenenergie und bewegt die stärkste Kraft des Universums, die Liebe, und so kann man sagen, ein Segen ist angewandte und tätige Liebe. Diese Kraft wartet darauf, in Tätigkeit gesetzt zu werden, und beginnt sofort ihre segensreiche Wirkung zu entfalten.

Das Gesetz des Segnens lautet:

- ALLES, was ich EHRLICHEN HERZENS segne, IST im selben Augenblick gesegnet, ganz gleich, wie weit der andere entfernt ist. Ich muss nicht einmal seinen Aufenthaltsort kennen, denn über das EINE Bewusstsein sind wir ständig miteinander verbunden. Worauf es lediglich ankommt, ist die EHRLICHKEIT DES HERZENS. Das heißt das, was ich segne, zu lieben.
- Was immer ich so ehrlichen Herzens segne, MUSS mir auch zum Segen werden. Segne ich ehrlichen Herzens einen Feind, gewinne ich einen Freund. Segne ich meine Nahrung, meinen Körper, diesen Tag, dann wird alles das mir zum Segen werden.

Die Form des Segnens ist dabei ohne Bedeutung. Sie können den Segen denken, fühlen, meinen, sagen, singen oder auch niederschreiben, der Segen beginnt im SELBEN AUGENBLICK segensreich zu wirken und hüllt den oder das Gesegnete ein. Sie können so einen Menschen, eine Situation, eine Sache oder auch Ihren Körper segnen. Erleben Sie einmal, was geschieht, wenn Sie in einem gesegneten Körper leben. Sie können praktisch miterleben, wie Heilung »geschieht«, wie die Macht und Kraft des Segens sich sofort segensreich auswirkt und alles wieder »in Ordnung« bringt. Sie können natürlich ganz gezielt Ihre Gesundheit, Ihre Kraft, Ihre Lebensfreude, Ihr ganzes Dasein oder auch die Freude segnen.

Segnen ist ein wichtiger Schlüssel zur bewussten Gestaltung Ihres Lebens. Es ist die natürliche Fähigkeit eines JEDEN Menschen, andere Menschen oder Dinge zu segnen und damit segensreich zu verändern. Von einem Augenblick zum anderen verwandelt, ja verzaubert sich Ihr Leben und das des Gesegneten. Schwierigkeiten, Probleme und Hindernisse verschwinden oder hören einfach auf, ein Problem zu sein, und Sie leben plötzlich wie in einer anderen, besseren und glücklichen Welt voll Frieden, Freude, Liebe und erfüllenden Begegnungen auf Herzensebene.

Indem Sie Ihre Zukunft segnen, beginnt auch diese sich im gleichen Augenblick segensreich zu verändern. Ganz gleich, welche Ursachen Sie gesetzt haben, sie werden sich segensreich auswirken und wenn Sie wollen, beginnt Ihr »segensreiches Leben« JETZT, genau in diesem Augenblick, in dem Sie diese Zeilen lesen. Die Macht des Segnens kann in jedem Moment genutzt werden und der daraus resultierende Segen ist in JEDEM Augenblick bereit, für Sie tätig zu werden, um Ihr ganzes Sein segensreich zu verändern und ein Leben auf Herzensebene, getragen von wahrer Liebe, zu leben.

Sie sind abschließend zur Meditation »Die ideale Liebe« eingeladen. Sie können Ihren Partner bitten, Ihnen diese Meditation vorzulesen, oder Sie nehmen sie auf Ihren MP3-Player auf und spielen sie dann nach Bedarf ab:

Stellen Sie sich einmal einen Menschen vor, den Sie wirklich bedingungslos lieben, ohne jeden Vorbehalt, einfach so, wie er ist. Gehen Sie einmal ganz hinein in diese Vorstellung und »spüren« Sie diese Liebe einmal in sich. »Erfüllen« Sie sich einmal ganz bewusst mit dieser Liebe. Wie möchte sich diese Liebe ausdrücken?

Lieben Sie sich selbst auch so? Und warum? Und wenn nein, warum nicht? Oder denken Sie vielleicht: »Gott in mir liebe ich ja, aber mich selbst …!?« Was könnte Ihnen helfen, so zu lieben? Was wird durch eine solche Liebe anders? Nun stellen Sie den Fluss der Liebe zu sich selbst her. Sie öffnen Ihr Herz wie eine Lotosblüte und lassen Liebe fließen. Stellen Sie sich einmal vor, dieser Mensch, den Sie bedingungslos und vorbehaltlos lieben, sei jetzt hier. Er sitzt nun neben Ihnen. Lassen Sie einmal diese Liebe geschehen. Lassen Sie zu, dass sich diese Liebe ausdrückt.

Stellen Sie sich einmal vor, Sie liebten alle Menschen so. Und nicht nur die Menschen, auch Tiere, Pflanzen, die Erde, das ganze Universum, Ihren Körper, Ihre Schwächen, Ihre Probleme, Ihre Vergangenheit, Ihre Gegenwart, Ihre Zukunft, diesen Augenblick und die Eine Kraft, das Göttliche. Durch Ihre Liebe erheben Sie alles in seine höchste Form. Auch das Kind in Ihnen, das Animalische ebenso wie Ihren Glauben und Ihr Bewusstsein.

Durch Ihre Liebe erheben Sie sich zu sich selbst!

Am Ende dieses Weges angekommen, sind wir in der Lage, alles und jeden bedingungslos zu lieben und nichts und niemanden von unserer

Liebe auszuschließen. Dann befinden wir uns wieder in der göttlichen Ordnung, eins mit der Einen Kraft, im Einheitsbewusstsein.

Wahrhaft lieben –

Herzen öffnen!

Persönliche Checklisten

Sie sind eingeladen zu einem märchenhaften Leben voll Glück und Gesundheit, Erfolg und Erfüllung. Die nachfolgenden Checklisten helfen Ihnen dabei zu schauen, was bereits in Ihrem Leben verwirklicht wurde und was noch zu tun und wo mental zu entsäuern ist.

Es ist nie zu spät für ein traumhaftes Leben. Fangen Sie am besten jetzt gleich an, WIRKLICH zu leben.

Körperliche Hygiene für ein gesundes Körperbewusstsein

- Buchen Sie mehr von Ihrem »Lebenskonto« ab, als Sie einbezahlen? Ist Ihr gesamter Lebensstil eher hinderlich oder förderlich für Ihre Gesundheit?
- Welche (chronischen) Erkrankungen haben Sie?
- Erkennen Sie die Botschaften Ihres Körpers?
- Welche Schritte unternehmen Sie, um (wieder) gesund zu sein?
- Lieben Sie Ihren Körper?
- Wenn nein, was ist zu tun, damit Sie Ihren Körper lieben können?
- Rauchen Sie?
- Wie sieht Ihr Alkoholkonsum aus?
- Wie ernähren Sie sich?
- Ist Ihre Ernährung frisch, grün und vital mit einem hohen Rohkostanteil in Bio-Qualität?
- Verzichten Sie auf Fleisch, Wurst, Zucker und Weißmehl?
- Überwiegen die Basen bildenden Nahrungsmittel?
- Nehmen Sie genügend Ballaststoffe zu sich?
- Kauen Sie gründlich?
- Segnen Sie Ihre Mahlzeiten vor dem Verzehr?
- Können Sie täglich Ihren Darm entleeren?
- Sorgen Sie regelmäßig für eine Darmreinigung?
- Fasten Sie regelmäßig?
- Trinken Sie genügend stilles Wasser bester Qualität?

- Haben Sie Ihr Idealgewicht?
- Entsäuern Sie Ihren Körper täglich?
- Haben Sie noch Amalgamfüllungen in den Zähnen?
- Bewegen Sie sich täglich mindestens 30 Minuten lang (Walken, Wandern, Stretching, Trampolin-Springen etc.)?
- Sind Sie täglich in der Natur?
- Atmen Sie bewusst und sorgen Sie für genügend Sauerstoff?
- Sorgen Sie für genügend Schlaf?
- Sind Ihre Schlafumstände optimal?
- Gönnen Sie sich ein regelmäßiges Mittagsschläfchen als Jungbrunnen?

Geistige Hygiene für ein gesundes Körperbewusstsein

- Setzen Sie die richtigen Prioritäten im Leben?
- Wie viel Zeit verbringen Sie mit unwesentlichen und nicht erfüllenden Dingen?
- Machen Sie Glück (noch) von Umständen abhängig?
- Erleben Sie sich als Opfer oder als Schöpfer?
- Haben Sie Ihre Schuldgefühle aufgelöst?
- Was ist noch loszulassen, was Sie nicht wirklich glücklich macht?
- Gehen Sie bereits den Weg der Freude in jedem Augenblick?
- Was oder wer hindert Sie daran?
- Lieben Sie sich selbst?
- Praktizieren Sie jeden Tag Psychohygiene?
- Kennen Sie all Ihre Talente?
- Setzen Sie Ihre Fähigkeit bereits optimal und zum Nutzen möglichst vieler Menschen ein?
- Was tun Sie für Ihre Entspannung (autogenes Training, Meditation etc.)?
- Pflegen Sie regelmäßig ein Hobby?
- Wie gut gelingt es Ihnen, Ihre Aufmerksamkeit zu richten, indem Sie diese von Problemen abziehen und auf Lösungen richten?
- Wie hoch ist die Lebensqualität in den Bereichen Kleidung, Auto und Wohnen?
- Welche geistige Nahrung nehmen Sie zu sich?

- Wie hoch ist der Anteil an negativen, Angst und Wut weckenden Nachrichten und Filmen?
- Wie oft gönnen Sie sich ein gutes Buch und Mußestunden bei guter Musik?
- Wie wohltuend sind Ihre Bekannten und Freunde?
- Haben Sie Freunde, denen Sie vertrauen können?
- Praktizieren Sie täglich das Ritual des stimmigen Erwachens und damit des ganz bewussten Tagesbeginns?
- Segnen Sie alles, was Sie zu sich nehmen?
- Wie dankbar sind Sie?
- Wie segensreich sind Ihr Denken, Sprechen und Tun?
- Machen Sie jedem Menschen, der Ihnen begegnet, Wortgeschenke?
- Können Sie jeden Menschen so annehmen, wie er ist?
- Wo gibt es noch etwas zu verzeihen – sich oder anderen?
- Können Sie Humor in allen Lebenslagen bewahren?
- Lachen Sie viel?
- Leben Sie im Mangel- oder im Wohlstandsbewusstsein?
- Wie schaut Ihre finanzielle Situation aus?
- Haben Sie genügend Zeit?
- Sind alle Ihre Wunschträume verwirklicht?
- Welche Träume und Visionen haben Sie (noch)?

Seelische Hygiene für ein gesundes Körperbewusstsein

- Wie schaut es aus mit Ihrem SELBST-Bewusstsein?
- Haben Sie ein positives SELBST-Bild?
- Wenn nicht, was ist zu tun?
- Leben Sie echt, ehrlich und authentisch?
- Haben Sie das Gefühl, die Hauptrolle in Ihrem Leben zu spielen?
- Wenn nicht, was ist zu ändern?
- Sind Sie von sich selbst begeistert?
- Hat Ihr Leben Inhalt und Sinn?
- Führen Sie wirklich Ihr Leben?
- Agieren Sie gezielt und bestimmen Sie Ihr Leben oder reagieren Sie überwiegend auf die Lebensumstände?

- Leben Sie so, dass Sie ständig Achtung vor sich selbst haben können?
- Fühlen Sie sich wohl mit sich selbst?
- Leben Sie wohlwollend anderen und sich selbst gegenüber?
- Gelingt es Ihnen, die Aufmerksamkeit auf die schönen Dinge des Lebens zu richten?
- Gehen Sie (immer) den Weg der Freude?
- Sind Sie sympathisch und ist es ein Dauerzustand?
- Wie ist es um Ihre energetische Signatur bestellt?
- Praktizieren Sie bereits wahres positives Denken?
- Lassen Sie ständig Heilung geschehen?
- Macht Sie alles wirklich glücklich, was Sie tun?
- Tun Sie alles, was Sie wirklich glücklich macht?
- Haben Sie die Vergangenheit losgelassen?
- Nehmen Sie regelmäßig eine »Innenweltreinigung« vor?
- Wie gut beherrschen Sie »die Sprache des Lebens« als wichtigste Fremdsprache, um die Umstände Ihres Lebens zu verstehen?
- Beherrschen Sie den richtigen Umgang mit »Lebenslehrern«: Stress, Hindernissen, Herausforderungen?
- Können Sie Krisen als Chance sehen und nutzen?
- Sagen Sie wirklich »Ja« zu sich SELBST und zu Ihrem Leben?
- Können Sie auch »Ja« sagen zu Ihrem Beruf und Partner?
- Ist Ihr Beruf Ihre Berufung?
- Erleben Sie Erfolg und Erfüllung?

Ausklang

Im Paradies waren die Menschen noch EIN Bewusstsein und handelten aus diesem EINEN Bewusstsein heraus, als das Bewusstsein selbst. Dann aßen sie vom »Baum der Erkenntnis« und kamen »zu Verstand«. Von da an mussten sie alles selbst herausfinden. Dieses Buch möchte Ihnen dabei eine Inspiration sein.

Wenn wir im Bewusstsein sind, dann wirken wir im »Baum des Lebens« und können die Früchte und die Fülle genießen. Es ist unsere Entscheidung, welchen Baum wir wählen.

Als Junge träumte ich wie so viele Jungen davon, einen Schatz zu finden. Ich wusste nicht, wo ich ihn suchen sollte. Es hat viele Jahre gedauert, aber ich habe den Schatz gefunden und er war viel größer, als ich erwartet hatte. Auch Sie können diesen Schatz leicht finden, sobald Sie wissen, wo er sich befindet.

Dieser Schatz ist an einem Ort, an dem kaum jemand danach sucht, denn er ruht in jedem Menschen. Er übertrifft Ihre kühnsten Träume und wartet seit ewigen Zeiten darauf, dass Sie ihn in Besitz nehmen. Es ist die Vollkommenheit Ihres wahren SEINS. Wenn Sie diesen Schatz entdecken und nutzen, haben Sie alles erreicht, was man in diesem Leben erreichen kann. Dieses Wissen um ihn reicht nicht aus, es bedarf der Erfahrung, ihn zu erinnern.

Wir dürfen uns jeden Tag daran erinnern – an die unsichtbare Vollkommenheit unseres wahren Wesens als
- vollkommene Gesundheit,
- vollkommener Erfolg und Wohlstand,
- eine gelebte harmonische Beziehung,
- einen Beruf, der wirklich Berufung ist,
- ein erfülltes Leben.

Und wir dürfen all dies im Außen sichtbar machen.

Machen Sie sich jeden Morgen bewusst, dass wieder ein Tag auf Sie wartet voller Möglichkeiten und Chancen. Sie entscheiden, was Sie daraus machen. Genießen Sie Ihr Leben, denn dazu findet es statt. Genießen Sie, um genießbar zu sein.

Sich selbst zu heilen und in einem optimalen Säure-Basen-Gleichgewicht – körperlich und mental – zu leben, ist eine der erstaunlichsten Möglichkeiten, die das Leben bietet. Alles, was wir dazu brauchen, haben wir in uns. Wir dürfen ganz einfach vertrauen und beginnen. Mit dem ersten Schritt, den wir machen, haben wir bereits die Hälfte des Weges zurückgelegt. In diesem Bewusstsein machen wir so lange weiter, bis wir unser Ziel erreicht haben: ein Leben als bewusster Schöpfer im Einheitsbewusstsein.

So, und nun wünsche ich Ihnen ein WUNDERvolles erfülltes Leben.

Herzlich, Ihr

Kurt Tepperwein

Literaturempfehlungen

Literatur und CDs – alle von Kurt Tepperwein

Bücher:

Die geistigen Gesetze, Goldmann Arkana Verlag

Geistheilung durch sich selbst, Goldmann Arkana Verlag

Die hohe Schule des Lebens, Goldmann Arkana Verlag

Die Kunst, das Leben selbst zu steuern. Die Gesetze der Mental-Kybernetik, mvg-Verlag

Kausal-Training, Goldmann Arkana Verlag

Praxisbuch Mental-Training, Knaur-Verlag

Gesund für immer, Goldmann Arkana Verlag

Jungbrunnen Entsäuerung, Goldman Arkana Verlag

Selbstheilungskräfte aktivieren, Goldmann Arkana Verlag

Was Dir Deine Krankheit sagen will, mvg Verlag

Das macht mich krank, mvg Verlag

Die Botschaft Deines Körpers, mvg Verlag

Loslassen, was nicht glücklich macht, mvg Verlag

Leben im Hier und Jetzt, mvg Verlag

HerzGedanken, Hans Nietsch Verlag

Kausal-Training, Goldmann Arkana Verlag

Der Regenbogenweg zur Gesundheit, Hans Nietsch Verlag

CDs:

Lebendige Weisheit, IAW-Medien

Jetzt verstehe ich mich, IAW-Medien

Selbstheilungskräfte aktivieren (Set), Goldmann Arkana Verlag

Gesund und vital (Set), Goldmann Arkana Verlag

Perfect Inner Health – Selbst-Hilfe bei Allergien, Hans Nietsch Verlag

Perfect Inner Health – Selbst-Hilfe bei Migräne, Hans Nietsch Verlag

Perfect Inner Health – Selbst-Hilfe bei Nervosität, Hans Nietsch Verlag

Perfect Inner Health – Selbst-Hilfe für eine gute Verdauung, Hans Nietsch Verlag

Perfect Inner Health – Selbst-Hilfe bei Stress, Hans Nietsch Verlag

Perfect Inner Health – Selbst-Hilfe bei Wetterfühligkeit, Hans Nietsch Verlag

Leserservice

Kurt Tepperwein persönlich oder in einem Heimseminar erleben!

Wünschen Sie tiefer in das Thema dieses Buches einzugehen, dann empfehlen wir Ihnen die folgenden Chancen zu nutzen:

Gewünschtes bitte ankreuzen! **X**

Seminar / Ausbildung:

- ☒ Motivationsseminare mit verschiedenen Themen (Tagesseminare)
- ☒ Ausbildung zum/r Dipl. Lebensberater/in

Ausbildungen mit Felix Aeschbacher (Lehrbeauftragter von K. Tepperwein):

- ☒ Dipl. Mental-Trainer/in
- ☒ Dipl. Bewusstseins-Trainer/in
- ☒ Dipl. Intuitions-Trainer/in
- ☒ Meditations-Trainer/in (Zertifikat)

Heimstudienlehrgänge:

- ☒ Einführungslehrgang „Die 7 Schritte zur Erfolgspersönlichkeit"
- ☒ Dipl. Lebensberater/in
- ☒ Dipl. Mental-Trainer/in
- ☒ Dipl. Intuitions-Trainer/in
- ☒ Dipl. Seminar-Leiter/in
- ☒ Dipl. Erfolgs-Coach/in
- ☒ Dipl. Gesundheits- und Ernährungs-Berater/in
- ☒ Dipl. Partnerschafts-Mentor/in

Gesamtprogramme:

- ☒ Gesamtseminar- und Ausbildungsprogramm IAW
- ☒ Neuheiten der Bücher, CD und DVD-Programme von Kurt Tepperwein
- ☒ Gesundheitsprodukte-Programm

Dazu ein persönliches Geschenk:

- ☒ Die 20-seitige Broschüre „Praktisches Wissen kurz gefasst" von Kurt Tepperwein

Sie erhalten Ihre gewünschten Informationen selbstverständlich kostenlos und unverbindlich bei:

Internationale Akademie der Wissenschaften (IAW)
St. Markusgasse 11
FL-9490 Vaduz

Tel: 00423 233 12 12 / Fax: 00423 233 12 14
E-Mail: go@iadw.com / Internet: www.iadw.com

Internationale Akademie der Wissenschaften
Erwachsenenbildung + Medienverlag

Autoren – Profil: Kurt Tepperwein

Kurt Tepperwein wurde 1932 in Lobenstein geboren. Er war erfolgreicher Unternehmer und langjähriger Unternehmensberater. 1973 zog er sich vom Wirtschaftsleben zurück und wurde Heilpraktiker und Bewusstseins – Forscher, speziell auf dem Gebiet der wahren Ursachen von Krankheit und Leid.

Seine Ausbildung war und ist das Leben. In seiner Naturheilpraxis hielt er für seine Patienten Seminare ab - überwiegend über den Sinn des Lebens und die wahre Ursache von Krankheit und Leid - die so großen Anklang fanden, dass sie heute in vielen Ländern abgehalten werden. Er absolvierte vielfältige Ausbildungen und erfuhr unzählige Ehrungen. Seit 1997 ist Kurt Tepperwein Dozent an der Internationalen Akademie der Wissenschaften. Diese weltweite Lehrtätigkeit führte ihn nach Indien, Bali, Ägypten, Sri - Lanka, Aspen, Colorado, Kyoto und Tokio und Dohar / Katar und viele andere interessante Orte, wo er nicht nur unterrichtete, sondern auch Land und Leute und die verschiedenen Kulturen und Philosophien studierte.

Er hat sein umfassendes Wissen in mehr als 80 Büchern und Hunderten von Videos, DVDs, Audio - CDs veröffentlicht und Menschen in aller Welt mit seiner Fähigkeit fasziniert, auch komplizierte Zusammenhänge in wenigen einfachen Worten verständlich zu machen.

Jeder, der ihm begegnet, wird ihm zum Lehrer, der ihm hilft, noch tiefer in die Geheimnisse des Lebens einzudringen, aber sein größter Lehrer ist das Leben selbst.

Kurt Tepperwein versteht es meisterhaft, die materielle und geistige Sicht der Dinge zu einem harmonischen Ganzen zu vereinen. Er ist jemand, der nicht nur weiß, sondern es auch lebt.

Die Anwendung des von ihm geschaffenen Mental -, des Intuitions - und des Kausal - Trainings sind heute für unzählige Menschen, nicht nur für Topmanager, Spitzensportler und Lebensberater, ein unverzichtbarer Teil ihres Lebens.

Seit einigen Jahren lebt Kurt Tepperwein auch auf Teneriffa.

336 Seiten
Preis: 8,90 € (D) | 9,20 € (A) | sFr. 12,90
ISBN 978-3-86882-231-1

Kurt Tepperwein

DIE BOTSCHAFT DEINES KÖRPERS

Die Sprache der Organe

Wussten Sie schon, dass falsche Ernährung, Stress und psychische Belastung die Wurzeln unserer Erkrankungen sind? Daraus resultiert seelisch-geistige Unausgewogenheit, die sich in körperlichen Beschwerden manifestiert. Kurt Tepperwein zeigt Ihnen, wie Sie ein Bewusstsein für die Sprache Ihres Körpers entwickeln und dementsprechend Ihr Verhalten ändern.

368 Seiten
Preis: 8,90 € (D) | 9,20 € (A) | sFr. 12,90
ISBN 978-3-636-07192-7

Kurt Tepperwein

LEBEN IM HIER UND JETZT

So lassen Sie seelischen Ballast los

Ängste, Begrenzungen, Manipulation durch andere, Schuldgefühle und falsche Identifikationen: Der renommierte Lebenslehrer Kurt Tepperwein hilft mit vielen erprobten und praktischen Methoden, sich davon frei zu machen und ein authentisches Leben im Hier und Jetzt zu führen.

Kurt Tepperwein

Loslassen, was nicht glücklich macht

Der Weg zur
inneren Freiheit

18. Auflage

mvgverlag

144 Seiten
Preis: 9,95 € (D) | 10,30 € (A) | sFr. 14,90
ISBN 978-3-636-07097-5

Kurt Tepperwein

LOSLASSEN, WAS NICHT GLÜCKLICH MACHT

Der Weg zur inneren Freiheit

Kurt Tepperwein zeigt den Weg zu mehr Harmonie und Ausgeglichenheit und macht Mut, sich auf das zu konzentrieren, wovon künftig das Leben bestimmt sein soll.

DER BESTSELLERAUTOR
Kurt Tepperwein

Was dir
deine Krankheit
sagen will

Die Sprache
der Symptome

mvgverlag

304 Seiten
Preis: 9,95 € (D) | 10,30 € (A) | sFr. 14,90
ISBN 978-3-636-07096-8

Kurt Tepperwein

WAS DIR DEINE KRANKHEIT SAGEN WILL

Die Sprache der Symptome

Jede Krankheit teilt uns durch die Reaktionen unseres Körpers ganz genau mit, wo wir die innere Balance verloren haben. Kurt Tepperwein zeigt in diesem Buch, wie wir Krankheitssymptome erkennen und richtig deuten können, und empfiehlt Schritte zur Heilung. Mit Beschreibungen von mehr als 100 Krankheitssymptomen von A bis Z.

376 Seiten
Preis: 17,90 € (D) | 18,40 € (A) | sFr. 25,90
ISBN 978-3-636-06246-8

Elaine N. Aron

SIND SIE HOCHSENSIBEL?

Wie Sie Ihre Empfindsamkeit erkennen, verstehen und nutzen

Beeinträchtigen Lärm, Gerüche oder Stress Ihr Wohlbefinden? Haben Sie eine reiche Vorstellungskraft und lebendige Täume? Können Sie sich auf Ihre Intution verlassen? Hochsensible Menschen nehmen sowohl äußere als auch innere Eindrück stärker wahr als Ihre Mitmenschen. Elaine N. Arons Buch gilt als Pionierwerk und gibt einen umfassenden Einblick in das Phänomen Hochsensibilität.

Wenn Sie **Interesse** an
unseren Büchern haben,

z. B. als Geschenk für Ihre Kundenbindungsprojekte,

fordern Sie unsere attraktiven Sonderkonditionen an.

Weitere Informationen erhalten Sie von

unserem Vertriebsteam unter +49 89 651285-154

oder schreiben Sie uns per E-Mail an:

vertrieb@mvg-verlag.de

mvgverlag